REZEPTE DER LIEBE

Ruth Johnson-Illi

REZEPTE DER LIEBE

Himmlische Genüsse aus der aphrodisischen Küche

Fotografiert von Ulla Mayer-Raichle

AT Verlag

This book is dedicated to Michael.

It is his turn now to write his own.

6. Auflage, 2008

AT Verlag, Aarau und München

Gestaltung und Satz: AT Verlag, Aarau

Lithos: AZ Grafische Betriebe AG, Aarau

Druck und Bindearbeiten: AZ Druck und Datentechnik, Kempten

Printed in Germany

ISBN 978-3-85502-648-7

www.at-verlag.ch

Inhaltsverzeichnis

AM ANFANG STAND DER SELLERIE

Selleriebrötchen und Radieschen tischten meine Schwester und ich den jungen Herren auf, die zu uns nach Hause kamen. Meistens liessen sie sich von unserem älteren Bruder einladen. Als Teenager ist man ja noch schüchtern. Meine Schwester und ich waren es aber nicht. Wir waren schliesslich zu zweit. Die Idee vom Sellerie musste von meiner Mutter gekommen sein, einer grosszügigen Gastgeberin mit viel Humor. Am liebsten servierten wir die scharf machenden Sachen den verstockten, hoffnungslosen Typen. Wir munterten sie immer wieder freundlich auf, mehr von den Häppchen zu nehmen, und lobten die gesundheitlichen Vorzüge des Selleries, ohne den aphrodisischen Aspekt zu erwähnen. Dabei kicherten wir hinter unseren vorgehaltenen Händen. Ob es am zarten Alter unserer Versuchskaninchen oder an der Tatsache lag, dass wir im katholischen Luzern aufwuchsen, ist aus heutiger Sicht schwer zu sagen. Auf jeden Fall kann ich Ihnen, liebe Leser, keine pikanten Resultate unserer Experimente liefern.

Für mich persönlich wurde in jener Zeit sozusagen der Samen für das vor Ihnen liegende Kochbuch gesät.

Nach dem Abitur hatte ich die Nase voll vom theoretischen Teil des Lebens, das ich bisher den Büchern entnommen hatte, und folgte dem unbändigen Drang, das Leben von seiner praktischen Seite kennen zu lernen.

Nach einem kurzen Aufenthalt in Amsterdam verschlug es mich nach Südafrika, genauer gesagt, nach Cape Town. Ich fand eine Stelle als «Cocktail Waitress» im Heerengracht-Hotel, dem damals modernsten und vornehmsten Hotel der Stadt. Bald bemerkte ich, dass die «Barmen» jedes Mal, wenn bestimmte Getränke bestellt wurden, verschwörerisch miteinander zu kichern anfingen. Nach langem Zögern weihten sie mich in ihr Geheimnis ein. Sie vertrauten mir an, dass es gewisse Getränke gebe, die ... räusper ... na, du weisst doch schon ... einen ganz heiss machen, und dann mit dem Partner, also ganz toll ... Galliano war so ein Getränk. Ich schaute mir die Flasche an und lächelte mild. Die reden doch nur so wegen der Form der Flasche, dachte ich mir. Trotzdem war ich neugierig und entschied mich, die Wirkung des Getränkes an mir selbst zu testen. Flugs verliebte ich mich Hals über Kopf in einen schwarzen Hotelangestellten. Wir schrieben das Jahr 1974, die Zeit der Apartheid, in der eine strikte Rassentrennung auf allen Ebenen galt. Bald erfuhr die Hoteldirektion von der heimlichen und verbotenen «Amour fou», und flugs wurde ich rausgeschmissen. Nur dank der Diskretion des Fünfsternhotels wurde ich nicht gleich auch flugs des Landes verwiesen. Sie können sich vorstellen, liebe Leser, dass ich für den Moment von aphrodisischen Getränken genug hatte ...

Ein Jahr darauf beschloss ich, Amerika per Flugzeug und Autostopp kennenzulernen. Hin und wieder leistete ich mir den Luxus einer Greyhound-Busfahrt. Es war auf einer solchen Fahrt durch Arizona, als ich mit einer weisen alten Mexikanerin ins Gespräch kam. Wir plauderten über Gott, die Welt und die Liebe. Da zog sie einen kleinen Beutel aus ihrer Tasche, öffnete ihn und zeigte mir ein unscheinbares Kraut. Sie flüsterte mir ins Ohr: «Wenn du deinen Partner so glücklich machen willst, dass er dich nie verlässt, und du dich ihm mit Wonne hingeben willst, dann trinke ein oder zwei Stunden vor eurer Vereinigung eine Tasse von diesem Tee. Merke dir meine Worte.» Ich merkte mir ihre Worte, aber irgendwie gingen sie nach einiger Zeit doch in Vergessenheit.

Zurück in Europa lernte ich bald Michael, meine grosse Liebe, kennen. Wir heirateten, als er eine Stelle in Malaysia antrat. Dort stiess ich auf ein mir bisher unbekanntes Phänomen. Die Malaysier teilen alle Lebensmittel und Getränke in zwei Kategorien: «heaty» und «cooling», erwärmend und kühlend. Es kam oft vor, dass unsere malaysischen Freunde eine gewisse Speise dankend ablehnten mit der Erklärung: «Yes, I like it very much, but not at the moment.» Sie forderten mich und meinen Mann zum Essen auf. Wir waren verheiratet und – wie schrecklich! – immer noch kinderlos. Und sie kicherten das mir langsam bekannte Kichern. Durian war eine solche Speise.

Nach zwei Jahren in Südostasien kehrten wir nach Europa zurück. Ohne dass wir speziell an Aphrodisiaka dachten, wurden unsere Kinder gezeugt und geboren. Das Leben nahm seinen Lauf. Ich gründete meinen Partyservice.

Eines Tages wurde die Idee an mich herangetragen, für einen kulturellen Anlass ein aphrodisisches Mahl zu kochen. Ich war fasziniert. Plötzlich sah ich den roten Faden, der zwar nicht immer sichtbar gewesen war, aber mich doch mein Leben lang begleitet hatte. Natürlich kochte ich das aphrodisische Mahl. Und ich begann mich gründlich mit der Materie der Aphrodisiaka zu beschäftigen. Bei meinen Recherchen stiess ich unter anderem auf das unscheinbare Kraut, das mir die alte Mexikanerin im Greyhound-Bus wärmstens empfohlen hatte. Damiana heisst das wunderbare Mittel.

Ich erfuhr auch, dass die gute alte Hildegard von Bingen schon im 11. Jahrhundert den Begriff «Kalorität» (Wärme, Hitze) brauchte, um gewisse Speisen zu kategorisieren. Erinnern Sie sich an das Wort «heaty» der Malaysier. Als Nonne verwarf sie selbstverständlich viele wärmende, anregende Gewürze und Lebensmittel mit der Begründung, sie machten «gelüstig», «aufgeblasen» oder «ausgelassen». Auch die alte chinesische Ernährungslehre nach den fünf Elementen teilt die Nahrungsmittel entsprechend ihrer thermischen Wirkung in Kategorien von «heiss» bis «kalt» ein.

«Sag mal, wirkt es wirklich?» Eine Frage, die mir oft gestellt wird. Natürlich wirkt es. Fühlen Sie hin. Hoffen (oder fürchten) Sie aber nicht, dass Sie in wenigen Augenblicken wie der griechische Gott Priapus mit einer Dauererektion protzen können oder sich in eine Mänade, eine ekstatisch verzückte Frau, verwandeln. Es geschieht auf eine viel subtilere Weise. Spüren Sie Ihren Körper und achten Sie darauf, wie sensibilisiert er ist. Das wichtigste «Sexualorgan» des Menschen ist sein Geist, denn er beflügelt die Fantasie. Entspannung, Ausgeglichenheit und eine gesunde Portion Fantasie sind die wichtigsten Voraussetzungen. Nicht die Quantität des Erlebten, sondern vor allem die Qualität wird Sie ins «Nirwana» führen.

Wer braucht Aphrodisiaka? Eigentlich braucht sie niemand. Wer sie am wenigsten benötigt und doch an ihre Wirkung glaubt, erfährt den Genuss am deutlichsten. Aphrodisiaka werden auch nie einen Arzt, geschweige denn einen Paartherapeuten ersetzen. Wenn Sie Probleme haben, konsultieren Sie bitte Ihren Arzt oder suchen Sie einen Therapeuten auf.

Die aphrodisische Küche beschwingt. Sie regt an, erregt, kräftigt, tonisiert, stimuliert, sensibilisiert und erotisiert. Dieses Buch soll Ihnen viele vergnügliche Stunden mit Ihrem oder Ihrer Liebsten bereiten.

WARMER KERZENSCHEIN – HEISSES LIEBESGEFLÜSTER – VERHALTENE LEIDENSCHAFT – MIT DEN FINGERN ENTDECKEN – ESSEN – GENIESSEN – SEIN IM MOMENT, ZU ZWEIT, IN DER SINNLICHKEIT.

Karin, 37 Jahre, Gestalterin, Mutter

Was Sie schon immer über Sex wissen sollten …

Der Unterschied gleicht jenem zwischen einem Fast-Food-Imbiss und einem erstklassigen Essen. In beiden Fällen ist Ihr Magen voll und Sie können weiter funktionieren. Genauso verhält es sich mit dem Sex. Nichts gegen einen Quickie zwischendurch. Aber guter Sex braucht Zeit. Wenn Ihnen etwas an Ihrem Schatz liegt, investieren Sie Zeit für ihn. Je öfter, desto besser. Das hat zudem noch folgenden Vorteil: Jedes Gerät, ob Auto, Computer, Motorsäge oder das Ihrige, läuft bei regelmässigem Gebrauch viel geschmierter als eines, das auf dem Abstellgeleise langsam, aber sicher verrostet. Ich weiss, niemand hat heutzutage Zeit. Doch es liegt an Ihnen, die Grenzen zu sprengen und für sich und Ihren Augenstern Raum und Zeit zu schaffen. Damit denke ich vor allem an Sie, liebe Leser, die Sie schon lange in einer Beziehung leben und die Prioritäten anders gesetzt haben. Na klar, der Job ist die Nummer eins. Für ihn machen wir das Unmögliche möglich. Vielleicht schwirren auch noch Kinder oder Grosskinder in Ihrem Alltag umher. Die wollen Ihre Aufmerksamkeit hier und jetzt und für alle Zeit. Und wo bleiben Sie, lieber Leser, liebe Leserin? Raum schaffen, sich Zeit nehmen, wenige Worte, grosse Wirkung.

Und wie steht es mit Ihrer Fitness? Sie glauben, das hätte nichts mit Sex und aphrodisischer Küche zu tun? Mitnichten! Natürlich hat es damit zu tun! Hand aufs Herz, liebe Leserin, Sie machen sich die Mühe, ein hinwerfendes aphrodisisches Mahl für Ihren Liebling zu kochen, Sie tragen die heissesten Dessous, Sie locken mit einem betörenden Parfüm, alles läuft wie geplant ... endlich sind Sie mit Ihrem Lover dort, wo Sie sein wollen ... Aber dann sind Ihre Gelenke so verrostet, dass Sie die Knie kaum biegen können, geschweige denn die wichtigeren Partien wie Hüftgelenke, Becken, Rücken und was alles noch so dazugehört. Zudem – oh Schande – sind die Muskeln so schlaff wie ein missratener Pudding. Ihre Liebesmuskeln nehmen die pralle Kraft Ihres Adonis kaum wahr. Und Sie, lieber Leser, spüren die Kraft eines zweitönigen Stieres in Ihrem Körper, Sie heben ab zum erhebenden Vulkanausbruch – aber statt dessen erschüttert Sie ein Hexenschuss. Dann ist es allerhöchste Zeit, etwas für Ihre Fitness und Gesundheit zu tun. Es ist egal, für welches Training Sie sich entscheiden. Wichtig ist nur, dass es Ihnen so viel Spass bereitet, dass Sie nicht schon nach ein paar Wochen Ihren guten Vorsatz an den Nagel hängen. Beckenbodenübungen sind für Frauen (und Männer) jeden Alters wichtig, nicht nur, weil sie vielen Altersproblemen vorbeugen, sie verhelfen auch zu raffinierten Muskelspielen. Versuchen Sie überhaupt, so viele Muskeln wie möglich an Ihrem Körper zu entdecken. Wenn Sie einmal ein Körperbewusstsein entwickelt haben, wird es Ihnen leicht fallen, unauffällige Körperübungen in Ihren Alltag zu integrieren: Treppenlaufen, den Rahm statt mit der Maschine von Hand schlagen (der Rahm wird so sowieso viel besser), während dem Autofahren zwischendurch die Bauchmuskeln anspannen, während eines Telefongesprächs in die Knie gehen, beim Kochen die Gesässmuskeln anspannen und loslassen, nach längerem Sitzen den Rücken zünftig durchstrecken und so weiter und so fort. Es gibt Hunderte von kleinen und wirkungsvollen Kniffen, die es zu entdecken gilt.

Dass das Essen gut schmecken soll, ist klar. Dass Sie, liebe Leser, auch gut und frisch riechen sollen, ist ebenso klar. Nehmen Sie sich dafür Zeit. Schenken Sie den heiklen Körperzonen besondere Aufmerksamkeit. Am schönsten ist die Körperpflege zusammen mit Ihrem Liebsten. Ein wahrhaft erotisches Erlebnis ist es, einander mit einem Körperpeeling zu verwöhnen, das die Haut von abgestorbenen Zellen befreit und einen strahlend-samtigen Teint hinterlässt. Ihre Haut fühlt sich danach so sanft und seidig an, dass ein Abenteuer mit Höhepunkt und Happy End garantiert ist. Ein wichtiger Teil des Liebesspiels ist zweifellos das Küssen. Deshalb rate ich Ihnen, nach jedem Zähneputzen auch Ihrer Zunge und Ihren Lippen mit der Zahnbürste ein «Peeling» und eine Massage zu gönnen. Die Zunge wird weich und rosa, Ihre Lippen sinnlich und «spüriger». Sie werden bald viel bewusster, verführerischer und geniesserischer küssen. Geniessen Sie es!

ZU DEN REZEPTEN

Einzigartig an meinen Rezepten ist, dass Sie beim Einkaufen der Zutaten für Ihr Liebesmahl auch der Apotheke einen Besuch abstatten. Dort finden Sie viele Naturprodukte, die seit je von den verschiedensten Naturvölkern als Aphrodisiaka benutzt werden. Sie werden bald selber entdecken, dass diese Produkte nicht nur mehr Lust am Kochen, sondern vor allem mehr Lust mit Ihrem Liebsten bringen. Die meisten Aphrodisiaka aus der Apotheke enthalten Alkaloide, die mehr oder weniger bitter sind. Ein wenig davon verleiht einer Sauce einen interessanten Kick, ein bisschen mehr kann schon zu viel des Guten sein. Dosieren Sie also mit Bedacht. Die Erläuterungen zu den einzelnen Aphrodisiaka finden Sie auf den Seiten 10 bis 32.

Ich habe in meinen Rezepten oft zu ätherischen Ölen und Essenzen gegriffen. Das hat nichts mit Esoterik zu tun, sondern hat einen einfachen Grund. Einerseits parfümieren sie die Speisen und verleihen ihnen raffinierte Geschmacksnuancen. Andererseits – und das ist der springende Punkt – liefern sie uns aphrodisische Pflanzenwirkstoffe in hoher Konzentration. Sie müssen sie nicht verwenden, aber ich empfehle es Ihnen trotzdem. Wir verfolgen ja ein ganz bestimmtes Ziel ... Auch hier gilt: Dosieren Sie bitte vorsichtig! Schon ein bisschen zu viel kann die Speise geschmacklich entstellen. Hinzufügen können Sie immer noch. Achten Sie beim Kauf von ätherischen Ölen und Essenzen darauf, dass sie rein und natürlich sind. Es gibt heutzutage viele Billigöle, die synthetisch hergestellt werden und sich nicht für die Küche eignen. Die Firma Primavera Life stellt hochwertige Produkte in einer reichen Auswahl her. Sie bekommen ätherische Öle und Essenzen in Reformhäusern, Drogerien, Naturkostgeschäften und speziellen Duftläden.

Dass Sie nur frische und erstklassige Produkte einkaufen, ist selbstverständlich. Es geht schliesslich um das Wichtigste in der Welt: Ihre Gesundheit und die Ihres oder Ihrer Liebsten.

Sie werden in meinen Anleitungen oft auf die sogenannten Mundtüchlein stossen. Es handelt sich dabei um feine Baumwolltüchlein. Ich benutze diese praktischen Dinger seit Jahren (Sie haben's erraten, seit der Zeit, als meine Kinder im Babyalter steckten). Erstens überzeugen sie durch ihre handliche Grösse. Zweitens sind sie so feinmaschig, dass nicht nur das Kochgut, sondern auch das überschüssige Fett im Stoff zurückbleibt. Sie bekommen Mundtüchlein in Babygeschäften und in der Babyabteilung von Warenhäusern.

Beim sanften Garen von Fleisch ist es wichtig, dass die Temperatur stimmt. Die Anschaffung eines Ofenthermometers lohnt sich, denn damit können Sie die Temperatur Ihres Backofens exakt unter Kontrolle halten. Wärmen Sie immer gleich die Teller mit. Darauf kommen eine Platte und ein Kuchengitter. Das angebratene Fleisch legen Sie auf das Kuchengitter. So kann beim Nachziehenlassen im Ofen überschüssiges Fett und ausgetretener Fleischsaft abtropfen, während die Fleischkruste schön knusprig bleibt. Kleine Fleischstücke garen Sie bei 70 Grad, grosse bei 80 Grad. Wenn es eine Verzögerung beim Essen gibt, reduzieren Sie die Temperatur auf 60 Grad.

Bei kurzen Bratzeiten kann mit dem Einsatz eines digitalen Timers nichts schief gehen. Die traditionellen Eieruhren sind dafür zu ungenau.

Ich rate Ihnen in meinen Rezepten, den Knoblauch zu entkeimen. Denn dann riecht niemand, dass Sie dieses herrliche Aphrodisiakum genossen haben. Halbieren Sie die Knoblauchzehe der Länge nach und entfernen Sie den Keimling mit einem Messer. Beim jungen, zarten Knoblauch, der im Frühling erhältlich ist, ist der Keimling noch nicht entwickelt. Im Laufe des Jahres bildet er sich mehr und mehr aus, bis er schliesslich an der Spitze der Knoblauchzehe hindurchstösst.

Tomaten schälen Sie, indem Sie sie 15 Sekunden in kochendem Wasser blanchieren und kalt abschrecken. Nun lässt sich die Haut problemlos abziehen.

Zu den Massen: 1 Teelöffel (TL) = ca. 5 g oder 5 ml, 1 Esslöffel (EL) = ca. 15 g oder 15 ml. 100 ml = 10 cl = 1 dl = 0,1 l.

Sämtliche Rezepte sind, sofern nicht anders vermerkt, für 2 Personen berechnet.

Aphrodisiaka von A bis Z

Aphrodisische Wirkung:

♥ = gut

♥♥ = sehr gut

♥♥♥ = fantastisch

• = bei falscher Dosierung giftig bis tödlich

Alraune (Mandragora officinarum) ♥♥♥ •

Die Alraune oder Mandragora ist das bekannteste Aphrodisiakum der antiken Welt. Sie kommt in Südeuropa, Nordafrika, Kleinasien und im Himalaya vor. Da die Wurzel in ihrer Form dem menschlichen Körper ähnelt, wurde sie auch Menschenwurzel genannt. Ihre berauschenden und Halluzinationen hervorrufenden Eigenschaften setzte man im Altertum und im Mittelalter für Hexenkünste und Beschwörungen ein. Andere Namen sind Satansapfel, Liebesapfel, Dudaim.

Die Alraunenwurzel ist rezeptpflichtig, den Samen findet man im ethnobotanischen Fachhandel.

Alstonia (Alstonia scholaris) ♥♥♥ •

Man kennt Alstonia auch unter den Namen Dita, Schulholzbaum, Weissquirlbaum und in Indien chhatim. Man findet die Pflanze in Indien, in den Regenwäldern Süd- und Südostasiens, auf Sri Lanka und den Philippinen. Nur die Samen werden als Aphrodisiakum verwendet. In tantrischen Ritualen dienen sie zur Kräftigung der Erektion und zum Hinauszögern des Orgasmus. Das getrocknete Kraut ist im ethnobotanischen Fachhandel erhältlich.

Ananas ♥

Heimisch ist die Ananas in Südamerika und Afrika. Das Fleisch und der Saft wirken harntreibend und kräftigend. Um sie als Aphrodisiakum zu verwenden, streut man Chilipulver über die Ananas oder man geniesst sie mit Honig und wenig weissem Rum.

Anis (Pimpinella anisum) ♥♥

Anis wächst im östlichen Mittelmeergebiet und in Europa. Im alten Griechenland und in Rom war er eines der meistgenutzten Gewürze. Er soll die Lust zum Beischlaf fördern. Benutzen Sie das Gewürz zum Parfümieren aphrodisischer Gerichte und Getränke.

Aprikose ♥

Diese weibliche Frucht enthält viel Eisen, Kalium, Kalzium, Magnesium und Phosphor. Sie wirkt tonisierend auf den Körper.

Artischocke ♥♥

Ob ihr Aussehen oder die Art, wie man sie am häufigsten isst, der Artischocke den Ruf als aphrodisisches Mittel eintrugen, sei dahingestellt. Die Franzosen jedenfalls sind überzeugt, dass dieses Gemüse die Genitalien erhitzt, und es ist unbestritten, dass es zu den Spitzenreitern unter den Aphrodisiaka zählt.

Aubergine ♥

Sie ist gesund, herrlich zu essen und gehört zur Familie der Nachtschattengewächse, die zahlreiche aphrodisierende Pflanzen, wie zum Beispiel Tomate, Chili, Paprika, Kartoffel, hervorgebracht hat. Zu den verbotenen Nachtschattengewächsen zählen Alraune, Bilsenkraut, Tollkirsche und Stechapfel. Imam Bayildi, zu Deutsch «Der Imam, der in Ohnmacht fiel», ist ein türkisches Auberginengericht. Ich denke, die Köchin hat etwas falsch gemacht. Wir Frauen wollen den Mann doch nicht in Ohnmacht stürzen – so kann er uns nicht zum Liebesglück verhelfen ...

Austern ♥♥

Austern sind wohl der Inbegriff von Erotik. Sobald die Muschel geöffnet ist, offenbart sie einen Anblick, der unsere Fantasie kitzelt. Ihre aphrodisische Wirkung schätzen Liebhaber seit Jahrhunderten.

Avocado ♥♥

Avocadobäume wachsen in den tropischen Gebieten Mittelamerikas. Die Indianer schätzen seit je die aphrodisische Wirkung von Fruchtfleisch und Kern. Aus dem Indianischen übersetzt heisst Avocado «Hodensack».

Ayahuasca, Yagé, Caapi, Natempinde (Banisteriopsis caapi) ♥♥♥ •

Die Ayahuascaliane gedeiht in den Regenwäldern Südamerikas. Die Indianerstämme benutzen die Pflanze in ihren mystischen und religiösen Ritualen. Dazu wird aus der Rinde und den Stengeln der Liane ein Trunk zubereitet, der eine stark aphrodisische und psychedelische Wirkung hat. Ayahuasca findet man ab und zu im ethnobotanischen Fachhandel.

Banane ♥♥

Sowohl das Aussehen als auch das Esserlebnis sind erotisch. In Sri Lanka glaubt man, nicht der Apfel, sondern die Banane sei die Verführungsfrucht im Paradies gewesen.

Basilikum (Ocimum basilicum) ♥

Das Kraut, das aus Südasien stammt, enthält ätherische Öle, Gerbstoffe und Vitamine. Wenn man täglich ein Blatt von der Tulasi-Pflanze (Ocimum sanctum), einer den Hindus heiligen Basilikumart, zu sich nimmt, soll man neben guter Gesundheit auch ein glückliches Sexualleben haben.

Betelnuss (Areca catechu) ♥♥♥ •

In Südostasien werden die Betelnüsse mit weiteren Gewürzen zu einem Pulver gemahlen und in ein frisches Betelblatt eingerollt. Diese «Bissen der Lust» oder Betelbissen werden von den Einwohnern zur Stimulierung, Anregung und Erotisierung stundenlang gekaut. Betelnüsse sind im ethnobotanischen Fachhandel erhältlich.

Bilsenkraut (Hyoscyamus niger) ♥♥♥ •

Die Hexenpflanze oder das Hexenkraut ist in Europa, Asien und Nordafrika heimisch. Es war Bestandteil der sogenannten Hexensalbe, die die Hexen zu ihren erotischen Abenteuern verwendet haben sollen. Sie brauten damit auch Liebestränke. Vorsicht: Eine Überdosis kann zum Tod führen. Die Pflanze steht unter Naturschutz. Das Kraut ist rezeptpflichtig, Bilsenkrautöl hingegen ist frei verkäuflich.

Birne ♥

Weich in der Form, weich im Fleisch ist sie eine Verkörperung des Weiblichen.

Bockshornklee (Trigonella foenum-graecum) ♥♥

Bockshornklee ist in Südosteuropa, Nordafrika und Asien heimisch. Er wird schon lange sowohl in der chinesischen wie auch in der ayurvedischen Medizin eingesetzt. Bockshornklee wirkt wärmend und regt die Gebärmutterfunktion an. In der Küche ist er ein beliebter Aromastoff. Die Samensprossen stärken Leber, Nieren und die Fortpflanzungsorgane.

Bohnenkraut (Satureja hortensis) ♥

In einigen Gegenden wird das Bohnenkraut zu aphrodisischen Zwecken kultiviert. Sein Duft ist warm und aromatisch. Es regt die Gebärmutter und das Nervensystem an. Schwangere sollten das Kraut nicht einnehmen.

Brennnessel (Urtica dioica) ♥

Die Brennnessel ist in Europa und Asien weit verbreitet. Seit je wird sie zu Heilmittelzwecken gewonnen. Sie fördert die Durchblutung, wirkt harnteibend und regt die Libido an. Die Blätter werden in Tees, in Suppen oder Saucen verwendet.

Broccoli ♥

Die hübschen Röschen stecken voller Vitamine, Mineralstoffe und Spurenelemente.

Catuaba (Erythroxylum catuaba, Erythroxylum vacciniifolium) ♥♥

Catuababäume sind in den tropischen Regenwäldern Nord- und Zentralamerikas beheimatet. Es wird nur die Rinde genutzt, die schnell wieder nachwächst. Die Tupiindianer nennen ihn «Guter Baum». Die belebende, stärkende und aphrodisierende Wirkung wird seit je geschätzt und gab dem Catuaba den Übernamen «Liebeszauber». In Brasilien sagt der Volksmund: Zeugt ein Mann bis zum Alter von sechzig Jahren ein Kind, dann war er es selbst; ist er älter, war es Catuaba. Man bekommt das Kraut in Apotheken, die Naturheilmittel führen.

Champagner ♥♥

Dieses wunderbare Getränk wirkt enthemmend, hebt die Stimmung und ist sehr erotisierend.

Chili (Capsicum annuum) ♥♥

Chili ist wie Sellerie und Spargel eines der bekanntesten Aphrodisiaka. Chili ist im wahrsten Sinne des Wortes «heaty» und macht natürlich auch «heiss» ...

Damiana (Turnera diffusa) ♥♥♥

Dieses eher unscheinbare Kraut ist ein altes indianisches Aphrodisiakum, das heute in Kalifornien zu kommerziellen Zwecken im grossen Stil angebaut und als lustförderndes Mittel verkauft oder verarbeitet wird. Erhältlich ist Damiana in Apotheken, die Naturheilmittel führen.

Dattelpalme (Phoenix dactylifera) ♥♥

Die Palme wurde schon vor 8000 Jahren in Mesopotamien angebaut und ist somit eine der ältesten kultivierten Pflanzen. Die Datteln wurden zu Süssspeisen oder aphrodisischen Leckerbissen verarbeitet. Aus dem Baum wurde ein Saft gewonnen, der zu einem Rauschtrank vergoren wurde. Dieser Dattelwein wurde bei religiösen und erotischen Ritualen gerne in grossen Mengen getrunken. Die Früchte bekommt man im Lebensmittelgeschäft, den Palmwein im Asienladen.

Durian (Durio zibethinus) ♥♥

Die frischen, reifen Füchte, die sich in einer stacheligen Schale befinden, gelten in Südostasien als stichfestes Aphrodisiakum. Ihr Geruch stinkt buchstäblich zum Himmel. Deshalb sind die Früchte in öffentlichen Verkehrsmitteln und Hotels mit Klimaanlage verboten. Wer schon einmal hinter einem Lastwagen mit einer Ladung Durian herfahren musste, wird diesen unbeschreiblichen Geruch nie vergessen. Anthony Burgess verglich den Genuss der Durian damit, süsse Himbeeren in einer stinkigen Toilette essen zu müssen.

Eier ♥

Das Ei ist ein uraltes Symbol für Fruchtbarkeit. Es verkörpert das Leben schlechthin.

Eisenkraut (Verbena officinalis) ♥

Schon bei den alten Römern wurde Eisenkraut als Liebesmittel eingesetzt. Sie nannten es «das Glück der Venus». Den keltischen Druiden war das Kraut heilig. Es wurde vor allem den Männern empfohlen, da es ihren «Zauberstab» so hart wie Eisen machen soll.

Engelstrompete (Brugmansia aurea) ♥♥♥ •

Die Engelstrompete oder Baumdatura ist in Südamerika heimisch. Die Indianer benutzen sie von jeher als Heilpflanze und Halluzinogen. Die getrockneten Blätter werden gerne geraucht, um die Empfindungen zu sensibilisieren. Zur Herstellung eines aphrodisischen Getränks werden die Samen in Bier oder Wasser eingelegt und die Blätter abgekocht. Die Blüten geben einen betörenden Duft ab. Die Samen und Pflanzen sind frei erhältlich, die Ur-Tinktur hingegen ist rezeptpflichtig.

Erdbeere ♥

Einerseits ist es die Herzform, andererseits die verlockend rote Farbe, die die Erdbeere in die Gefilde der erotischen Früchte emporheben.

Feige ♥♥

Das Feigenblatt kam schon im Paradies für seinen sprichwörtlichen Zweck zum Einsatz. Das Innere der Frucht ist vollgepackt mit Samen – Fruchtbarkeit pur. Die fromme Hildegard von Bingen rät uns, die Feige nur vorübergehend bei Schwäche zu essen, denn sie mache gelüstig und haltlos.

SINNLICHKEIT IST DIE BERÜHRUNG UNSERER SINNE AUF GANZ ZARTE, FEINE, KAUM SPÜRBARE ART. ALLES IST STILL UND SANFT, UMSÄUSELT VON EINEM HAUCH EROTIK. ES GIBT DA KEINEN PLATZ FÜR STÜRME, WEIL DIESE BERÜHRUNG SONST NICHT WAHRGENOMMEN WERDEN KÖNNTE.

Claudia Zürcher, 41 Jahre, Hausfrau
und kaufmännische Angestellte

Fenchel ♥♥

Den Gladiatoren, Verkörperung reiner Männlichkeit, wurde im alten Rom jeden Tag eine Ration Fenchel zur Stärkung verabreicht. Auch in der Feldküche der römischen Legionen fehlte er nie. Fenchel macht die Männer stark, und die Frauen profitieren davon. Wussten Sie, dass die Italiener einen männlichen und einen weiblichen Fenchel unterscheiden? Der männliche ist rund und dick, knackiger und schmackhafter. Zudem hat er keine lästigen Fäden. Der weibliche ist lang gestreckt und dünn und weniger gut im Geschmack. Wenn Sie die Wahl haben, sollten Sie also immer die aromatischen, männlichen Fenchelknollen aussuchen.

Fisch ♥♥

Fisch und Meeresfrüchte sind Eiweiss- und Phosphorquellen, die sich positiv auf die Potenz und das Gehirn auswirken. Matrosen und Männer in Ländern mit traditionell reicher Fischkost sollen bis ins hohe Alter ihre Virilität erhalten.

Fleisch ♥♥

Die Prinzipien der gesunden Ernährung haben auch in der «Liebesnahrung» Einzug gehalten. Früher glaubte man, ein grosses, blutiges Steak sei für den Mann das Aphrodisiakum schlechthin. Heutzutage gibt man eher kleineren Mengen von zartem, magerem Fleisch den Vorzug. Also: Nichts gegen Fleisch, aber in gesundem Mass.

Fliegenpilz (Amanita muscaria) ♥♥♥ •

Der Fliegenpilz wächst überall auf der Welt. Es gibt zahlreiche Märchen, Mythen und Sagen über ihn. Schamanen in vielen Kulturen nahmen den getrockneten Fliegenpilz zu sich, um in Trance zu fallen. In diesem Rauschzustand erlangten sie ihre hellseherischen Fähigkeiten. Fliegenpilz gilt auch als unfehlbares Aphrodisiakum.

Fo-ti-tieng (Hydrocotyle asiatica minor) ♥♥♥

In China verwendet man Fo-ti-tieng, auch bekannt unter den Namen asiatischer Wassernabel, Gotu kola oder Elixier der Langlebigkeit, seit über tausend Jahren als Heilmittel. In Sri Lanka essen viele Leute täglich von dieser Pflanze, um ihre Gesundheit zu stärken und ihr Leben zu verlängern. Ein französischer Biochemiker entdeckte, dass der Wassernabel ein Alkaloid enthält, das tatsächlich verjüngende Eigenschaften besitzt und die Nebennieren stimuliert. Wie Ginseng soll er regelmässig eingenommen werden. Um eine aphrodisische Wirkung zu erzielen, nimmt man ihn täglich in grösseren Mengen ein, nämlich ungefähr 1 bis Esslöffel vom getrockneten Kraut. Fo-ti-tieng findet man in Apotheken, die auf Naturheilmittel spezialisiert sind.

Galangan (Kaempferia galanga) ♥♥

Galangan gedeiht in Südostasien. Die Wurzelstöcke werden in der traditionellen indonesischen Kräuterkunde getrocknet und zerrieben und mit anderen Zutaten zu Jamu-Getränken verarbeitet. Galangan leistet einen wichtigen Beitrag zur Erhaltung der Gesundheit und Kräftigung der Sexualorgane. Galangan ist in Asienläden erhältlich.

Galgant (Alpinia officinarum) ♥♥

Das ingwerähnliche Gewächs ist in Südasien heimisch. In der Volksmedizin wird es zur Verdauungsförderung und gegen Blähungen eingesetzt. Zudem soll man nach seiner Einnahme zum zwölfmaligen Koitus fähig sein. Die Wurzel ist daher seit langem ein beliebter Zusatz in Liebesgetränken. Wie Galangan findet man Galgant in Asienläden.

Geflügel ♥♥

Geflügel ist wie das Ei ein Inbegriff von Fruchtbarkeit. In den Gerichten der Liebe wird es gerne verwendet, da es leichter verdaulich ist als rotes Fleisch und so unsere Aktivitäten nicht beeinträchtigt. Natürlich ist Geflügelfleisch ein vorzüglicher Eiweisslieferant.

Gelbwurz (Curcuma domestica) ♥

Die gelbe Wurzel wird frisch oder getrocknet verwendet und dient als Färbemittel, Gewürz und Heilmittel. Kurkuma ist der Hauptbestandteil von Currymischungen. Es färbt wie Safran die Speisen gelb, schmeckt aber ganz anders.

Geld ♥♥♥

Das Leben zeigt es uns: Wer Geld hat, besitzt Macht. Wer Macht hat, ist in den Augen vieler Mitmenschen anziehend. Demnach ist Geld ein knallhartes Aphrodisiakum. Wie viele junge Frauen in den Bann des Geldes gezogen werden, liest man auf den Klatschseiten von Zeitungen und Zeitschriften. Wie viele ältere Männer mit Geld von dieser Tatsache profitieren, liest man ebenda. Manchmal kommt es auch vor, dass sich ein Jüngling ins Geld, äh, in eine ältere Dame mit Geld verliebt. Geld regiert die Welt und oft auch die Betten darin . . .

Gelée Royale ♥♥

Gelée Royale ist das Kraftfutter der Bienenkönigin, die im Tag bis zu 2000 Eier legt und das viele Jahre lang. Eine Arbeiterbiene hingegen hat eine Lebenserwartung von nur ungefähr 45 Tagen und ist nur halb so gross und stark. Der Saft wird von den Bienen zwischen ihrem sechsten und zwölften Lebenstag aus der Futtersaftdrüse im Kopf abgesondert. Gelée Royale wird seit Jahrtausenden in China und im Orient als Allheilmittel eingesetzt. Seine wunderbaren Wirkungen wurden auch schon von den alten Griechen und Römern geschätzt. Bei uns hat es erst seit kurzem Einzug gehalten. Es ist wissenschaftlich erwiesen, dass Gelée Royale anregend, stärkend, verjüngend und euphorisierend wirkt. Es stellt das Gleichgewicht in den Körperfunktionen wieder her und wirkt revitalisierend. Experimente mit an Sex uninteressierten und impotenten Männern ergaben, dass der königliche Saft nicht nur die Lust und die Potenz, sondern auch die Beweglichkeit der Spermien steigern kann. Klimakterische Beschwerden bei Frauen werden gelindert. Der Saft liefert uns alle benötigten Aminosäuren, 10 Vitamine und 5 Mineralstoffe. Übrigens: Die Queen Mum schwört seit über vierzig Jahren auf dieses Wundermittel.

Gewürze ♥♥

Gewürze sind «heaty», das heisst wärmend. Sie regen den Körper und die Sinneslust an. Die Nonne Hildegard von Bingen erkannte schon die Kalorität (Wärme, Hitze) mancher Gewürze und warnte vor ihrer Wirkung, da sie ausgelassen, gelüstig oder dumm machen. Aus demselben Grund wurde im christlichen Mittelalter ein reichlicher Genuss von Gewürzen als verwerflich angesehen.

Giftlattich (Lactuca virosa) ♥♥ •

Der Giftlattich ist in Europa und Nordamerika beheimatet. Die ganze Pflanze enthält einen milchigen Saft, der eine mild narkotisierende Wirkung hat. Die Indianer in Nordamerika schnitten die Blumenköpfe des Giftlattichs ab, fingen den hervorquellenden Saft auf und liessen ihn an der Luft trocknen. So gewannen sie das sogenannte Lattichopium oder Lactucarium, das ähnlich wie Morphium beschaffen ist. Die Indianer rauchten das Lattichopium als sexuelles Stimulans. Auch die getrockneten Blätter können geraucht werden. Giftlattich ist ausserdem ein Betäubungs-, Schmerz- und Beruhigungsmittel. Giftlattich ist im ethnobotanischen Fachhandel erhältlich.

Ginkgo (Ginkgo biloba) ♥♥

Der Ginkgo gilt als lebendes Fossil, denn die heutigen Bäume unterscheiden sich kaum von den 240 Millionen Jahre alten Fossilien. Er stammt aus China und Japan und ist dort heilig. Die Samen werden seit langem in der chinesischen Medizin verwendet. Die westliche Medizin setzt die Blätter bei Kreislaufstörungen und Gehirninsuffizienz ein. In Japan werden die gerösteten unreifen Samen als Aphrodisiakum für Männer genossen. Isst jemand in der Öffentlichkeit Ginkgosamen, gibt er zu verstehen, dass er Lust auf ein sexuelles Abenteuer hat.

Männlicher Ginseng

Ginseng (Panax ginseng: koreanischer Ginseng; Panax quinquefolius: amerikanischer Ginseng) ♥♥♥

Der Ginseng ist sowohl in Ostasien wie in Nordamerika beheimatet. Er ist wohl das berühmteste und begehrteste Allheilmittel und Aphrodisiakum Asiens. Bei uns ist Ginseng vor allem als Geriatrikum beliebt. Heute wird er in Korea, China, Russland und den USA kommerziell kultiviert. Ginseng bedeutet so viel wie Menschenwurzel, weil die Wurzel wie die Alraune (siehe dort) menschenähnliche Formen aufweist. Sieht eine Wurzel männlich aus, ist sie ein Aphrodisiakum für Männer. Hat sie weibliche Formen, soll sie von Frauen genossen werden. In China heisst es, dass Kinder noch keinen Ginseng essen sollen, da er zu viel Hitze produziert. Der brasilianische Ginseng (Pfaffia paniculata) wird auch «Para todo» («für alles») genannt und dient den Einwohnern seit langem als Aphrodisiakum und Allheilmittel.

Granatapfel (Punica granatum) ♥♥

Der Granatapfelbaum wurde schon im Altertum im ganzen Mittelmeerraum angepflanzt. Der Liebesgöttin Aphrodite heilig, galt der Granatapfel als Liebesapfel und Symbol der Fruchtbarkeit. In der Antike wurde die Frucht kinderlosen Frauen verschrieben. In Zypern werden heute noch Granatäpfel vor die Haustüre von frisch verheirateten Ehepaaren gelegt, um ihnen viel Nachwuchs zu wünschen. Je grösser die Anzahl der Samen, desto kinderreicher das Paar.

Guarana (Paullinia cupana) ♥♥♥

Die Guaranaliane ist im Amazonasgebiet heimisch. Die Samen, oft «Früchte der Jugend» genannt, enthalten bis zu 7% einer koffeinähnlichen Verbindung, Guaranin genannt. Guaranin macht im Gegensatz zu Koffein nicht süchtig. Zudem wirkt es milder und der Effekt hält länger an. Die Lianen werden seit Jahrhunderten von den Einwohnern gesammelt, geröstet und pulverisiert. Das Pulver wird mit Wasser zu einen dicken Paste verarbeitet, zu Stangen geformt und in der Sonne getrocknet. Diese Guaranabrote werden von den Einheimischen als Nahrungsersatz auf die Jagd und auf Reisen mitgenommen. So können sie zwei bis drei Tage ohne Essen auskommen. Oft wird das Pulver auch zu stark anregenden Getränken verarbeitet. Heutzutage wird Guarana von der Lebensmittelindustrie in Getränken, Schokolade und Schlankheitsmitteln auf den Markt gebracht. Das erklärt auch, weshalb die Guaranalianen in Plantagen kultiviert werden. Guaranapulver ist in Apotheken mit Naturheilmitteln erhältlich.

Hanf (Cannabis sativa) ♥♥♥

Cannabis ist eine der ältesten Kulturpflanzen der Menschheit. Sie wurde als Faserpflanze und Rauschmittel benutzt. Neben Wein gehört Cannabis zu den weltweit am weitesten verbreiteten Rauschmitteln. Zudem wird es überall auf der Welt als Aphrodisiakum eingesetzt, da es zu erotischen Höhenflügen führt. Die Pflanze unterliegt in vielen, vor allem in westlichen Ländern gesetzlichen Einschränkungen. In Asien und im Nahen Osten ist sie sozial akzeptiert und legal wie bei uns der Alkohol. Die Pflanze wird entweder getrocknet geraucht oder gegessen.

Honig ♥♥

Seit vielen Jahrtausenden wird Honig in allen Kulturen hoch geschätzt und als Aphrodisiakum benutzt. Met, der Honigwein, wurde gerne mit Bilsenkraut versetzt und als Stimulans getrunken. Die Indianer von Nord- und Südamerika gaben den Säuglingen als erste, stärkende Nahrung Honig. Honig ist ein Universalmittel, das sich problemlos mit Gewürzen und Kräutern mischen lässt und so in unzähligen Liebesgetränken und -speisen seinen Platz findet. In Asien glaubt man, dass er eine magische Substanz enthält, die positiven Einfluss auf die Fruchtbarkeit der Frau und die Potenz des Mannes ausübt. Zudem soll er auch als Verjüngungsmittel wirken.

Hummer ♥♥

Der edle Hummer braucht keinen Schnickschnack. Einfach gekocht, mit einem Glas Champagner genossen, bildet er einen vornehmen Auftakt zu einem verheissungsvollen Abend.

Iboga (Tabernanthe iboga) ♥♥♥ •

Der Ibogastrauch wächst in Westafrika. Die pulverisierte Wurzelrinde wird von den Eingeborenen bei besonderen Ritualen eingenommen. Sie hat eine stark psychedelische Wirkung. Zauberer und Fetischpriester nehmen die Droge, bevor sie Kontakt mit Verstorbenen und Geistern aufnehmen. Iboga gilt neben Yohimbin als eines der stärksten Aphrodisiaka Afrikas. Übrigens wird Iboga wegen seiner psychedelischen Wirkung auch von Tieren wie Gorillas, Bären und Wildschweinen geschätzt. Man findet den Strauch im ethnobotanischen Fachhandel.

Ingwer (Zingiber officinarum) ♥

Ingwer ist in Südasien heimisch und wird von jeher für medizinische und kulinarische Zwecke angebaut. In der ayurvedischen Medizin gilt er als Universalheilmittel. Die Wurzel wird sowohl frisch wie auch getrocknet verwendet. Sie ist süss, scharf, aromatisch und wärmend (heaty). Deshalb ist Ingwer ein bekanntes und beliebtes Aphrodisiakum.

Kaffee (Coffea arabica) ♥

Der Kaffeestrauch wächst in den tropischen Zonen Afrikas, Amerikas und Asiens. Früher war Kaffee ein heiliges Getränk. Heute wird er auf der ganzen Welt als stimulierendes und anregendes Getränk geschätzt. Es wird empfohlen, für erotische Zwecke den Kaffee mit Kardamom und Honig zu parfümieren. Siehe auch Koffein, Seite 32.

Kakao (Theobroma cacao) ♥♥

Der Kakaobaum gedeiht in Mittelamerika. Die «Nahrung der Götter», wie er auch genannt wurde, war bei den Azteken, Mayas und Inkas so wertvoll, dass die Samen als Zahlungsmittel dienten. Man soll damit vor allem die Freudenmädchen bezahlt haben. Die Kakaobohne war Hauptbestandteil von «Chocolatl», dem Getränk der Azteken. Kakao war bei allen Indianerstämmen ein populäres Aphrodisiakum. Aus den fermentierten, getrockneten und gerösteten Samen werden Kakaopulver und Kakaobutter und aus diesen Schokolade und andere Produkte hergestellt. Der Wirkstoff in der Kakaobohne, das Phenylethylamin, erzeugt eine ähnlich entspannte Glücksstimmung wie nach dem Liebesakt.

Kalmus (Acorus calamus) ♥♥

Diese Sumpfpflanze kommt nahezu auf der ganzen Welt vor. Die Verwendung der Kalmuswurzel als Heilmittel und Stimulans kannte man sowohl in Asien als auch in Amerika. Die Wurzel wird gekaut, als Pulver geraucht oder in Alkohol oder Wasser als Tee abgekocht. Sie hilft gegen Müdigkeit, um den Hunger zu stillen und um die Vitalität zu steigern. Sie enthält einen dem Meskalin ähnlichen Wirkstoff. In geringer Menge genossen, wirkt Kalmus wie ein Stimulans, in grösseren Mengen eingenommen ist es ein Halluzinogen. Kalmus sollte nicht über längere Zeit eingenommen werden. Ein Kalmus-Kräuterbad soll erotisch stimulierend wirken. Zu finden ist Kalmuswurzel in Apotheken, die auf Naturheilmittel spezialisiert sind.

Kardamom (Elettaria cardamomum) ♥

Kardamom, im Orient «Paradiessamen» genannt, wird dort schon seit Jahrhunderten als wertvolles Gewürz, Heilmittel und Aphrodisiakum gehandelt. Es ist in den Geschichten aus Tausendundeiner Nacht das am meisten erwähnte Gewürz. Seine ätherischen Öle wirken stimulierend, wärmend und antidepressiv.

Karotte (Daucus carota) ♥

Die Karotte wird seit der Antike in Europa, Asien und Nordafrika als Gemüsepflanze angebaut. Heute ist sie auf der ganzen Welt beliebt. Rohe Karotten fördern die Fruchtbarkeit; durch ihren regelmässigen Genuss soll man sogar Sterilität besiegen können. Daher wird die Karotte auch schon seit langem als Aphrodisiakum gepriesen.

Kartoffel (Solanum tuberosum) ♥

Die Kartoffel wurde im 16. Jahrhundert von Peru nach Europa gebracht und war bis ins 19. Jahrhundert eine Delikatesse, die den Reichen vorbehalten war. Wahrscheinlich genoss sie zum Teil deswegen den Ruf, abgeschlaffte Liebhaber wieder zu stärken. Wie dem auch sei: Die für uns so gewöhnliche und unscheinbare Knolle ist ein überaus gesundes und vielseitiges Nahrungsmittel.

Kaviar ♥♥

Kaviar ist der Rogen (die nicht abgelaichten Eier) des Störs. Wie die Auster ist Kaviar ein Fünfstern-Aphrodisiakum. Egal, ob Sie ihn gerne nature, mit Ei, Zwiebel, Kapern (alle auch bewährte Stimulanzien) oder mit einem oder zwei Tröpfchen Zitronensaft mögen, geniessen Sie dazu ein Glas Champagner, und ein knisternder Abend wird Ihnen sicher sein. Kaviar lässt sich übrigens auch vielseitig in der warmen Küche einsetzen und verleiht jedem Gericht eine edle Note.

Kawa-Kawa (Piper methysticum) ♥♥♥

Der Kawa-Kawa-Strauch, auch Rauschpfeffer genannt, ist in Polynesien, auf den Sandwichinseln und den Südseeinseln beheimatet. Er wird seit je von den Einwohnern zu religiösen, spirituellen und aphrodisischen Zwecken gebraucht. Seine euphorisierende Wirkung geniesst man am besten mit ausgewählten Freunden oder dem Liebespartner. Er lässt warmherzige Gefühle aufkommen und sensibilisiert Körper und Geist. Zu kaufen ist Kawa-Kawa in Apotheken, die Naturheilmittel führen.

Kerbel (Anthriscus cerefolium) ♥

Kerbel war schon im alten Rom ein beliebtes Küchenkraut und ist auch heute noch in der feinen, französisch inspirierten Küche unentbehrlich. Früher wurde es als Stärkungsmittel im Frühjahr verschrieben, um müde Männer und Frauen wieder munter zu machen.

Kichererbsen ♥

In Indien werden Kichererbsen mit Honig, Zwiebeln und Wasser zu einem stärkenden Nektar gekocht. Im Orient formt man aus Kichererbsenmehl kleine Küchlein und bäckt sie aus. Diese unter dem Namen Falafel bekannte Spezialität sollen Männer jeden Morgen essen, und sie werden, so heisst es, hundert Frauen erfreuen können.

Kirschen ♥

Diese kleinen prallen Früchte wachsen normalerweise als Pärchen auf den Bäumen, manchmal gibt es auch einen flotten Dreier. Lukullus, ein wahrer Kenner irdischer Genüsse, soll sie von Kleinasien nach Rom gebracht haben.

Knabenkraut (Orchis morio) ♥

Das Knabenkraut ist in Europa und im Orient heimisch. Es steht unter Naturschutz und darf deshalb nicht gepflückt werden. Die Knollen, die wie Hoden (griech. orchis) aussehen, genossen im Altertum und im alten Orient ein grosses Ansehen als Aphrodisiakum. Knabenkraut war der Hauptbestandteil des legendären Satyrion, des bekanntesten Lustmittels der Griechen und Römern. Das Knabenkraut wurde dazu mit Joghurt oder warmer Ziegenmilch zu einer Nektarmilch gekocht. Zu den Konsumenten des Satyrion zählten Könige, und Frauen soll es gleichermassen erregt haben.

Knoblauch (Allium sativum) ♥♥

Der Knoblauch stammt ursprünglich aus Zentralasien. Heute ist er auf der ganzen Welt verbreitet. Khnoum Khoufouf, der um 4500 vor Christus den Bau einer der ersten Pyramiden im alten Ägypten leitete, verschrieb seinen Arbeitern eine tägliche Ration Knoblauch, um ihre Vitalität und Kraft aufrechtzuerhalten.

Auch in China wird er seit über 5000 Jahren als Allheilmittel und Aphrodisiakum geschätzt. In der ayurvedischen Medizin gilt er als Verjüngungs-, Entgiftungs- und den Geschlechtstrieb anregendes Mittel. Knoblauch hat den Nachteil, dass man nach seinem Genuss unmissverständlich danach riecht, was für viele Mitmenschen sehr unangenehm ist. Zwei Tips dazu: 1. Entkeimen Sie den geschälten Knoblauch, 2. Geniessen Sie Knoblauch immer zusammen mit Ihrem Spielgefährten oder Ihrer Spielgefährtin.

Kolanuss (Cola nitida) ♥♥

Der Kolanussbaum ist in Zentralafrika beheimatet. Die Einwohner benutzten die Kolanüsse (die Samen aus der Frucht) seit je als Stimulans bei Erschöpfung, Hunger oder Durst und als Aphrodisiakum. Die beste Wirkung erzielt man, wenn die Nüsse gekaut werden. Die Kolanuss war so wertvoll, dass sie als Zahlungsmittel diente. Sie enthält 1,25 bis 2,4% Koffein. Heute wird ihr Extrakt Erfrischungsgetränken beigegeben.

Kokastrauch (Erythroxylum coca) ♥♥♥ •

Der Kokastrauch gedeiht in gewissen Gegenden Südamerikas. Die Indianer kultivierten den Strauch schon vor über 3000 Jahren. Er galt als Geschenk der Götter und war ihnen heilig. Von jeher schätzten sie die frischen Blätter, die sie mit gelöschtem Kalk vermischten und kauten. Die Blätter enthalten den Wirkstoff Kokain, das stimulierend, leistungssteigernd und aphrodisisch wirkt. Noch heute ist das Kokakauen bei vielen Indianern beliebt.

EROTISCHE WÄSCHE STIMMT MICH UNWEIGERLICH EROTISCH.

Martha Christen, 55 Jahre, Designerin

Kokospalme (Cocos nucifera) ♥♥

Die Kokospalme ist an allen tropischen Stränden heimisch. Sie ist ökologisch wertvoll, denn an ihr wird alles von der Wurzel bis zur Baumkrone genutzt. Der Blutungssaft der Blütenstände wird zu einer Art Sirup (Jaggery) eingekocht oder zu Palmwein und Arrak vergoren. Palmwein wird überall als Aphrodisiakum geschätzt und oft in grossen Mengen getrunken. Der Genuss von Kokosnuss soll nach Auffassung der Inder die Qualität und die Quantität der Samen des Mannes verbessern.

Koriander (Coriandrum sativum) ♥

Koriander stammt aus der Mittelmeerregion, wo er seit dem Altertum kultiviert wird. Heute findet man ihn in den Küchen von Europa, Nordafrika, Indien, Thailand, China, Malaysia sowie Zentral- und Südamerika. Die Koriandersamen haben ein wärmendes und würziges Aroma. Die Blätter besitzen einen unverwechselbaren Geschmack. Sie sind stimulierend, tonisierend und gelten von alters her als Aphrodisiakum.

Kraftbrühe ♥♥

Eine Kraftbrühe oder Consommé (Fleischbouillon) verleiht Kraft, Wärme und Ausdauer. Die doppelte Kraftbrühe (Consommé double), mit der doppelten Menge Fleisch auf die gleiche Menge Flüssigkeit zubereitet, hat die doppelte Wirkung.

Kresse ♥

Die alten Griechen benutzten Kresse als Stimulans für Körper und Seele. Aus ebendiesem Grund nannten die Römer das Kraut «Impudica», die Schamlose, Unverschämte. Kresse, ob Brunnen-, Garten- oder Kapuzinerkresse, ist eine Vitaminbombe und verhilft bei vorübergehender einseitiger Ernährung wieder zum Gleichgewicht.

Kürbis (Curcubita pepo) ♥♥

Kürbis wird von den Indianern schon seit langem kultiviert und als Aphrodisiakum geschätzt. Die Zigeuner in Europa und auf dem Balkan konsumieren täglich Kürbiskerne. Sie bewahrten dieses Geheimnis ihrer sexuellen Kraft lange für sich selbst. Kürbiskerne enthalten bestimmte Substanzen, die der Potenz und der Fruchtbarkeit förderlich sind. In gewissen Gegenden wird es als Wink der Bereitschaft für ein sexuelles Abenteuer angesehen, wenn Frauen Kürbiskerne essen. Ältere Männer sollten zur Vorbeugung von Prostataleiden täglich eine Hand voll von diesen kraftspendenden Kernen essen, vorzugsweise roh.

Lauch ♥

Die Griechen und Römer glaubten an die aphrodisischen Kräfte des Lauchs – dabei spielte gewiss die phallische Form des Gemüses eine Rolle.

Liebe ♥♥♥

oder vielleicht besser Verliebtheit ist das beste Aphrodisiakum.

Liebstöckel (Levisticum officinale) ♥

Liebstöckel wird seit langem in der Küche und in der Medizin benutzt. Sowohl die Blätter wie auch die Wurzel gelten als Aphrodisiaka. Die Blätter haben einen interessanten Geschmack, der an Sellerie und Hefe erinnert.

Lorbeer (Laurus nobilis) ♥

Der ruhmreiche Cäsar schmückte sein Haupt mit einem Lorbeerkranz, um seinen Untertanen und vielleicht vor allem seinen Untertaninnen klar zu machen, dass er der Grösste und der Beste (auch im

Bett?) ist. Heute ist das Blättchen aus der ganzen europäischen Küche nicht mehr wegzudenken.

Macht ♥♥♥

Die Geschichte zeigt es uns zur Genüge: Männer (und auch Frauen) in Machtpositionen scheinen so anziehend, dass sie ihre Liebesgefährten zu allerhand Spielchen ermuntern können.

Mais ♥

Mais ist Sonnenkost. Sonnenkost ist Kraftkost. In Südamerika symbolisiert der Mais Fruchtbarkeit.

Mango ♥

In Indien kultiviert man Mangos schon seit 4000 Jahren. In der hinduistischen Mythologie spielt sie eine wichtige Rolle. Sie wird oft die Königin der Früchte oder göttliche Frucht genannt. Die hodenförmige Frucht soll Männern auf die Sprünge helfen. Das Fleisch einer reifen Mango hat eine sehr sinnliche Qualität.

Meerrettich (Armoracia rusticana) ♥♥

Meerrettich ist ein sehr scharf schmeckendes, anregendes Gemüse. Die jungen, frischen Blätter werden Salaten beigemischt. Die phallusförmige Wurzel wird geraspelt in Rahm oder einer Sauce zu Fisch- und Fleischgerichten gereicht. Ein Klassiker unter den Aphrodisiaka!

Meerträubel (Ephedra sinica oder nevadensis) ♥♥♥

Meerträubel oder chinesisch Ma-huang ist eine der ältesten Heilpflanzen der Welt. Man fand Überreste davon in Gräbern der Neandertaler. Das Kraut wirkt stimulierend, zentral erregend und befreiend auf die Atemwege. Anhänger der Mormonensekte, sonst strikte Drogengegner, verwenden Meerträubel als Stimulans. Meerträubel ist in Apotheken mit Naturheilmitteln erhältlich.

Melone ♥

Die Melone, vor allem die Honigmelone symbolisiert weibliche Üppigkeit. Sie schmeckt herrlich süss und sinnlich weich.

Minze (Mentha piperita u.a.) ♥

Es gibt viele Arten von Minze. Das Kraut gedeiht wild und als Kulturpflanze. Das Menthol gibt der Minze ihren typischen Geschmack, der sowohl kühlend wie auch wärmend ist. Neben allen medizinischen Vorzügen ist die Minze auch ein Stimulans.

Mohn (Papaver somniferum) ♥♥♥ •

Schon im 4. Jahrtausend v. Chr. wurden auf Tontafeln der Sumerer medizinische Anwendungen von Opium beschrieben. Opium wird aus dem eingedickten Milchsaft der Mohnkapseln gewonnen. Der Garten- oder Schlafmohn ist eine der ältesten Kulturpflanzen, er war der Heiligen Göttin geweiht und wurde auch «Pflanze der Freude» genannt. Da er etwa 25 Alkaloide enthält, darunter Morphin und Kodein, ist er auch heute noch ein wichtiger Lieferant von Schmerzmitteln. Opium ist eines der stärksten Aphrodisiaka. Der Anbau von Garten- oder Schlafmohn ist nicht gestattet. Die Samen sind aber alkaloidfrei und somit für die Küche unbedenklich. Klatschmohn (Papaver rhoeas) ist zwar auch der Göttin Aphrodite geweiht, enthält aber kein Opium.

Morchel ♥

Morcheln, vor allem die Stinkmorchel, erinnern mit ihrer Form an einen erigierten Penis. Seit je war die Morchel eine Delikatesse für die Reichen, und was der Elite vorbehalten war, galt oft als Aphrodisiakum.

Muira Puama (Liriosma ovata) ♥♥♥

Der Muira-Puama-Baum wächst im Amazonasgebiet. Schon seit Jahrhunderten werden Holz und Rinde von den Eingeborenen genutzt. Das Potenzholz wird entweder gekaut oder in Wasser oder Alkohol ausgekocht. Muira Puama enthält ein unbekanntes Harz, das sich wunderbar auf die Libido auswirkt. Es ist in Apotheken, die auf Naturheilmittel spezialisiert sind, erhältlich.

Muscheln ♥♥

Das Muschelfleisch ist weich und erotisch, ein Geschenk des Wassers.

Muskatellersalbei (Salvia sclarea) ♥

Die Muskatellersalbei ist seit dem Altertum bekannt. Laut Dioskurides, dem griechischen Pharmakologen, soll sie mit Wein gemischt als Liebestrank genossen werden. Muskatellersalbei wirkt euphorisierend und aphrodisierend. Sie ist als Essenz erhältlich.

Muskatnuss (Myristica fragrans) ♥♥

Der Muskatnussbaum, einer der ältesten Kulturbäume, ist in Asien und Afrika zuhause, wird heute aber im ganzen Tropengürtel kultiviert. Die Muskatnuss ist eigentlich der Samen und die Muskatblüte der Samenmantel. Die Muskatnuss enthält viele ätherische Öle in unterschiedlicher Konzentration, unter anderen Saflor und Myristizin, das Halluzinationen hervorrufen kann. Muskatnuss wird von jeher als Aphrodisiakum und Halluzinogen eingenommen.

Nelke (Eugenia caryophyllata oder Syzygium aromaticum) ♥

Der Nelkenbaum kommt ursprünglich wie der Muskatnussbaum von den Molukken oder Gewürzinseln, einer indonesischen Inselgruppe, wird heute aber in allen tropischen Gebieten angebaut. Die Gewürznelke ist die getrocknete Blütenknospe des Baumes. Sie wurde schon im 3. Jahrhundert v. Chr. von den Chinesen importiert und als Universalheilmittel verwendet. Allmählich lernten auch andere Länder wie Indien und Persien die Vorzüge der Nelke kennen. Sie wurde unter anderem als Aphrodisiakum, gegen Zahnschmerzen und gegen schlechten Atem geschätzt. Die Gewürznelke enthält das ätherische Öl Eugenol, das als Mittel gegen Impotenz dient und geburtsfördernd wirkt.

Nüsse ♥

Nüsse im Allgemeinen sind Kraftpakete, vollgestopft mit Proteinen, Magnesium, Lezithin, Selen und Zink. Ein idealer Powersnack für zwischendurch. Da sie auch viel Fett enthalten, sollte man damit nicht übertreiben.

Orange (Citrus aurantium dulcis) ♥

Die Orange kommt ursprünglich aus Südchina und hielt erst im 12. Jahrhundert in Europa Einzug. Sie steckt voller Vitamine. Deshalb schätzen wir sie als sofort wirkende Energiequelle. Sie vermittelt Wärme und Heiterkeit, ist also ein Aphrodisiakum der subtileren Art.

Pandanus, Schraubenpinie (Pandanus sp.) ♥♥

Die Schraubenpinie, auch Schraubenpalme, Schraubenbaum oder Pandan genannt, ist in den Tropen weit verbreitet. Die beliebte Pflanze findet Verwendung in der Küche, in der Medizin und in der Parfümherstellung. In Neuguinea wird ein aphrodisierender Liebestrank aus der Pandanusfrucht hergestellt. In Südostasien verpackt man Pouletstücke oder Riesencrevetten in die hoch aromatischen Blätter der Luftwurzel (siehe Rezepte Seite 40 und 92). Der Geschmack erinnert an Nüsse, Ylang-Ylang und Knoblauch. Während unseren zwei Jahren in Malaysia assen mein Mann und ich oft und gerne «Chicken in pandan leaves». Wir waren frisch verheiratet und genossen den stimulierenden Effekt unter dem Ventilator in den tropischen Nächten. Die langen, dünnen Pandanusblätter sind im Asienladen erhältlich.

Petersilie (Petroselinum crispum) ♥♥

Petersilie ist ein weltweit verbreitetes Kraut, das ursprünglich in Südeuropa beheimatet war. Es waren denn auch die Römer, die den Gladiatoren täglich eine Ration Petersilie als Tonikum ver-

abreichten, um sie bei Kräften zu halten. Im Mittelalter wurde das Kraut Liebesgetränken beigemischt. Zudem war es Bestandteil der Hexen- oder Flugsalben, die die Hexen angeblich für ihre erotischen Flüge auf dem Besen einrieben. Das ätherische Öl Apiol, das für die sexuelle Stimulierung verantwortlich ist, ist in der Wurzel in höherer Konzentration enthalten als in den Blättern.

Peyote ♥♥♥ •

Der kleine, stachellose Peyotekaktus wächst wild in Mexiko, Neumexiko und Texas. Den Einwohnern ist die Pflanze heilig, denn sie glauben, dass die Götter durch den Peyote direkt, also ohne Medizinmann, Schamane oder Priester, mit dem Konsumenten kommunizieren. Die Köpfe, «buttons» genannt, spielen eine wichtige Rolle in der Native American Church und sind deshalb dort legal. Der Hauptwirkstoff des Peyote ist Meskalin, das in geringer Dosierung stark aphrodisierend wirkt und von den Indianern seit Jahrhunderten hoch geschätzt wird. In höherer Dosierung löst der abscheulich bitter schmeckende Peyote heftige Halluzinationen aus. Bei uns sind sowohl der Peyote wie auch Meskalin verboten.

Pfeffer (Piper nigrum) ♥♥

Pfeffer ist eines der ältesten und wichtigsten Gewürze überhaupt. Der Pfeffer oder besser die Gier der Menschen danach hat die Weltgeschichte beträchtlich beeinflusst. Der schwarze Pfeffer besteht aus den ganzen, unreif geernteten, ungeschälten Früchten. Der weisse Pfeffer wird aus den reifen, durch Fermentation von der äusseren Schale befreiten Früchten gewonnen. Die grünen Pfefferkörner werden unreif geerntet und eingelegt oder getrocknet. Alle Pfefferarten geniessen den Ruf, ein wirksames Aphrodisiakum zu sein. In der ayurvedischen Medizin ist der lange Pfeffer (Piper longum) das wichtigste Aphrodisiakum. In Indonesien und Teilen Indiens glaubt man vor allem an die Kraft des Kubebenpfeffers (Piper cubeba). Beide Sorten findet man in Kräuterhandlungen, gut sortierten Lebensmittelabteilungen und in naturorientierten Apotheken. Eine besondere Stellung nimmt der Rauschpfeffer ein (siehe Kawa-Kawa).

Pilze ♥

Als Eiweissspender sind die Pilze in den Kreis der erotisierenden Pflanzen aufgenommen worden. Zudem ist das Pilzesuchen zu zweit im Wald ein prickelndes Abenteuer. Bemerkenswert ist auch die Art, wie die Pilze aus dem Boden stossen.

Piment (Pimenta dioica) ♥♥

Der Nelkenpfeffer oder Pimentbaum gedeiht in Mittelamerika und in der Karibik. Im 16. Jahrhundert brachten die Spanier den Piment nach Europa. Die getrockneten Früchte besitzen einen scharfen Geschmack, der an Gewürznelke, Zimt und Muskat erinnert. Deshalb heisst die Frucht auch «Allspice», Alleswürzer. Piment bringt Feuer ins Herz und in den Körper.

Pistazien ♥

Siehe Nüsse.

Quitte ♥

Seit dem Altertum gilt die Quitte als Delikatesse. Sie ist wie der Apfel und der Granatapfel der Liebesgöttin Aphrodite heilig und symbolisiert Fruchtbarkeit. Lange Zeit war die Quitte fester Bestandteil des Hochzeitsbrauchtums, da sie die Liebeslust in Schwung bringt.

Radieschen ♥

Siehe Rettich.

Rettich (Raphanus sativus) ♥

Rettich wurde schon in der Antike angepflanzt. Auch die Chinesen kennen ihn seit Jahrhunderten. Seine entschlackende und aphrodisische Wirkung ist auch heute nach wie vor gefragt. In der Küche finden sowohl die Blätter wie auch die Wurzel Verwendung. Radieschen fallen in die gleiche Kategorie.

Reis ♥

Reis ist ein Symbol der Fruchtbarkeit. In vielen Ländern ist es ein alter Brauch, frisch vermählte Hochzeitspaare nach dem Verlassen der Kirche mit Reiskörnern zu bewerfen, was ihnen einen grossen Kindersegen bringen soll. Je mehr Reis (= Samen) geworfen wird, desto grösser das Kinderglück.

Rose ♥

Wer schon einmal von seinem Augenstern einen Rosenstrauch geschenkt bekommen hat, kennt das berauschende und elektrisierende Gefühl von Glück und Hinwendung. Wie jedes Aphrodisiakum hat auch die Rose ihre lange Geschichte. Sie stammt vermutlich aus Persien und kam im 7. Jahrhundert v. Chr. nach Griechenland und Italien. Als Symbol der Liebe und Sinnbild der Frau galt die Rose schon in der Antike und hinterliess in der Kunst und Literatur entsprechende Spuren. Sie ist der Aphrodite und der Venus heilig. Rosenöl wurde zum ersten Mal für die Hochzeit eines berühmten Kaisers in Persien hergestellt. Seither findet es in den meisten Parfüms für Frauen und vielen Parfüms für Männer Verwendung. Rosenöl und Rosenwasser haben auch ihren festen Platz in der Medizin. Im Orient und in Südostasien werden viele Gebäcke und Getränke mit Rosenwasser parfümiert.

Rosmarin (Rosmarinus officinalis) ♥

Rosmarin war bei den Griechen eine vielseitige Heilpflanze. Die Römer benutzten ihn für Räucherungen und religiöse Riten. Er war Aphrodite und Venus geweiht. In der Mystik symbolisiert er Treue, Liebe und Unsterblichkeit. Die alten Griechen banden bei Prüfungen Rosmarinzweige in ihr Haar, um klar denken zu können. Auch gegen Vergesslichkeit wird er immer wieder eingesetzt. Für aphrodisische Zwecke ist ein Rosmarinbad empfehlenswert. Es regt die Hautdurchblutung an und hinterlässt ein Prickeln, das Sie unbedingt mit Ihrem Schatz auskosten müssen.

Rucola, Rauke (Brassica eruca) ♥

Die in Süd- und Zentraleuropa beheimatete Pflanze war im alten Griechenland Priapus heilig, dem Gott mit der Dauererektion, und wurde vor jeder seiner Statuen gepflanzt. Priapus war der Sohn von Dionysos und Aphrodite. Der griechische Arzt Dioskurides sagte, dass das Kraut, roh und in grossen Mengen gegessen, die Fleischeslust anheize; die Samen sollen eine ähnliche Wirkung haben.

Safran (Crocus sativus) ♥♥

Safran sind die Staubfäden oder Blütenstempel einer Krokusart, die von Hand gepflückt werden müssen. Dies macht ihn zum teuersten Gewürz der Welt. Schon seit über 4000 Jahren wird Safran in China, Indien und Persien als Heilpflanze, als Färbemittel und Aromastoff genutzt. Im alten Griechenland nahmen ihn die Frauen ein, um ihre Libido zu steigern. In Persien sagte man ihm potenzfördernde Kräfte nach. Nach Europa gelangte er durch die ersten Kreuzzüge im 11. Jahrhundert und wurde seither auch hier kultiviert.

Saflor (Carthamus tinctorius) ♥♥

Saflor ist auch unter den Namen Färbersaflor, Färberdistel, wilde Safrandistel und falscher Safran bekannt. Die Pflanze wurde in ägyptischen Gräbern aus der Zeit um 3500 v. Chr. gefunden. Sie war von jeher ein begehrtes Färbemittel für Stoffe und Lebensmittel. Die Kleider der buddhistischen Mönche und Nonnen werden traditionsgemäss mit Saflor gefärbt. Heute erlebt das aus der Färberdistel gewonnene Speiseöl einen wahren Boom, weil es einen hohen Anteil an mehrfach ungesättigten Säuren hat und den Cholesterinspiegel günstig beinflusst. Zudem ist es reich an Linolsäure. Die Samen ergeben ein höchst wirksames Aphrodisiakum (siehe Seite 129 und 131), das zu Turboleistungen im Bett verhilft und die

Qualität des Samens verbessert. Saflor ist in auf Naturheilmittel spezialisierten Apotheken erhältlich.

Sägepalme (Serenoa repens, syn. Sabal serrulata) ♥♥

Die Pflanze ist in Noramerika heimisch und wird von den Indianern seit Jahrhunderten verwendet. Das Tonikum wird bei Impotenz, fehlender Libido und Hodenatrophie verordnet. Bei Frauen soll es brustvergrössernd wirken.

Schafgarbe (Achillea millefolium) ♥

Die Schafgarbe gedeiht in Eurasien und Nordamerika. Sie wurde von den meisten Völkern als Universalheilmittel geschätzt und genutzt. Im chinesischen «I Ging» (Buch der Wandlungen) werden die Schafgarbenstengel zum Wahrsagen verwendet. Die Indianer brauen Schafgarbentee, um seine anregende und aphrodisische Wirkung zu nutzen.

Schalotte ♥♥

Siehe Zwiebel.

Schokolade ♥♥

Schokolade macht die Seele weich und Zauberstäbe hart. Sie wärmt und schmilzt. Sie ist die perfekte Mischung von auserwählten Zutaten. Sie macht ganz einfach glücklich.

Sellerie (Apium graveolens) ♥♥

Sellerie ist in unseren Breitengraden wohl das bekannteste pflanzliche Aphrodisiakum und war für die Küche und in der Medizin schon seit Jahrtausenden begehrt. Man fand Sellerie im Grab von Tutenchamun, und auch die Griechen und Römer benutzten ihn rege. Heute wird er weltweit als vielseitiges Gemüse geschätzt. Man kann die Wurzel, die ganze Pflanze und die Samen verwenden. Selleriesalat (siehe Rezept Seite 48) soll die Liebeslust besonders fördern. Ich empfehle ausserdem einen Salat aus selbst gezogenen Selleriesprossen. Selleriesamen, in kleinen Mengen über Suppen, Salate und Schmorgerichte gestreut, verleihen diesen eine interessante Note.

Senf (Brassica nigra) ♥♥

Als Gewürz und Gemüse ist Senf schon seit Jahrtausenden bekannt. Er wird auch für medizinische Zwecke genutzt. Dem Senf wurden seit alten Zeiten lustfördernde Qualitäten nachgesagt. Deshalb war er, wie die Zwiebel, in Klöstern verboten. Man unterscheidet drei verschiedene Arten: den weissen (amerikanischen), den schwarzen (französischen) und den indischen Senf. Der englische Senf ist eine Mischung. Im Handel gibt es ein grosse Vielfalt von Senfzubereitungen. Sicherlich werden Sie den richtigen Senf für Ihre einheizenden Gerichte finden.

Sesam (Sesamum indicum) ♥

Die Sesampflanze kommt ursprünglich aus Afrika. Doch schon um 2000 v. Chr. war der Sesam in ganz Asien und im vorderen Orient populär. In Indien wurde er in religiösen Zeremonien gebraucht. Die Sesamsamen werden ganz belassen, gemahlen oder zu Öl verarbeitet. In der ayurvedischen Medizin gilt der Sesam als erstklassiges Verjüngungsmittel. Er wirkt allgemein stimulierend und wärmend.

Sonnenblume (Helianthus annuus) ♥

Bereits vor 3000 Jahren kultivierten die Indianer in Mexiko die Sonnenblume. Sämtliche Teile der Pflanze wurden zu kulinarischen und medizinischen Zwecken genutzt. Die alten Mayas kochten die Blütenblätter aus und genossen dieses Getränk als Aphrodisiakum. Im 16. Jahrhundert kam die Sonnenblume nach Europa. In Osteuropa und Russland begann die Sonnenblumenölproduktion im grossen Stil. Heute ist es eines der am weitesten verbreiteten Speiseöle. Die Kerne bereichern die Küchen weltweit. Öl und Kerne wirken anregend. Die Sonnenblume ist Sonnenkost.

Spanische Fliege (Lytta vesicatoria) ♥♥♥ •

Die Spanische Fliege ist das berühmteste und berüchtigste Aphrodisiakum, das schon viele Liebhaber hinwegraffte, statt ihnen zum Liebesglück zu verhelfen. Es handelt sich dabei eigentlich um einen Käfer aus der Familie der Ölkäfer, der im Mittelmeergebiet und im Nahen Osten heimisch ist. Er wird ganz getrocknet und dann pulverisiert. Schon im Altertum wurde die Spanische Fliege als Heilmittel und Aphrodisiakum genutzt. Der Wirkstoff Kantharidin ist bei einer Dosierung von 3 mg toxisch, bei 32 mg tödlich. Hierzulande ist die Spanische Fliege verboten, in Ländern wie Marokko oder Mexiko hingegen ist sie weiterhin erhältlich und kann für erotische Höhenflüge ausprobiert werden.

Spargel (Asparagus officinalis) ♥♥

Die ursprünglich aus dem Mittelmeergebiet und Kleinasien stammende Spargel wird seit über 2000 Jahren als Gemüse und Heilmittel angebaut. Sie galt schon immer als gesundheitsfördernd und als Aphrodisiakum «par excellence». Bereits die Art, wie der phallische Stengel aus dem Boden stösst, ist ein erotischer Anblick. Diese Köstlichkeit mit den Händen zu geniessen ist ein beliebter Auftakt zu weiteren Höhepunkten.

VELOAUSFLUG IN KANADA BEI BRÜTENDER HITZE, EIN NAGEL, REIFEN PLATT. BAD IM FLUSS, MIT DEM SCHLAUCH, AUS DEM KLEINE LUFTBLÄSCHEN AUFSTEIGEN. PLÖTZLICH ZUPFT ES AN TAUSEND STELLEN: WIE TRAUBEN HÄNGEN NUCKELND WINZIGE FISCHE AN ALL DEN HÄRCHEN MEINES KÖRPERS UND SCHILLERN SILBRIG-GELB IM SONNENLICHT.

Martin Senn, Künstler

Sprossen ♥

Sprossen sind gekeimte Samen. Sie enthalten eine hohe Konzentration von Vitalstoffen und sind der Gesundheit und Vitalität besonders zuträglich. Sprossen selber zu ziehen ist ganz einfach. Es braucht weder viel Zeit noch viel Platz und garantiert ausserdem absolute Frische.

Stechapfel (Datura sp.) ♥♥♥ •

Die Daturapflanze ist in verschiedenen Arten auf der ganzen Welt heimisch. Seit Urzeiten werden ihre Blätter, Samen und Früchte in der Medizin und als Liebesmittel genutzt. Sowohl in China wie auch in Indien ist die Pflanze den Göttern geweiht. Auch den Indianern war der Stechapfel heilig. Im Mittelalter wurde in Europa Datura mit Alraune und Bilsenkraut, ebenfalls zwei bekannte Aphrodisiaka, zur legendären Hexensalbe gemischt. Die Frauen rieben ihren Körper mit dieser Salbe ein, die Salbe drang in den Körper ein und verursachte heftige Halluzinationen, die dann als Flug auf dem Besen beschrieben wurden. Alle Arten des Stechapfels enthalten Tropanalkaloide.

Stinkasant (Ferula asa foetida) ♥♥

Stinkasant oder Teufelsdreck gedeiht in Südeuropa und Asien. Sein Harz wurde seit Urzeiten als Heilmittel gegen Impotenz, vorzeitige Ejakulation und Lustlosigkeit geschätzt. In der tibetischen Medizin gilt er als hervorragendes Aphrodisiakum. In kleinen Mengen ist es ein köstliches Gewürz der indischen Küche. Asa foetida bekommt man im Asienladen oder in Warenhäusern mit gut sortierter Lebensmittelabteilung.

Süssholz (Glycyrrhiza glabra) ♥

Süssholz oder Lakritze wird seit Jahrtausenden medizinisch genutzt. Es ist fester Bestandteil in der traditionellen chinesischen wie auch in der ayurvedischen Medizin. Es gilt unter anderem als Verjüngungsmittel und ist bei Frauen ein beliebtes Aphrodisiakum. Süssholz ist in der Drogerie oder Apotheke erhältlich.

Tabasco ♥♥

Ein himmlischer Scharfmacher, der «süchtig» machen kann.

Tee (Thea sinensis) ♥

Tee wird in China seit über 3000 Jahren kultiviert und getrunken. Für grünen Tee werden die Blätter gedämpft und getrocknet, die Blätter des schwarzen Tees werden zudem noch fermentiert. Tee ist wie Kaffee ein weltweit verbreitetes Anregungs- und Erfrischungsgetränk. Da Koffein in heissem Wasser gut löslich ist, wird es bereits 1 bis 2 Minuten nach dem Aufgiessen freigesetzt. Lässt man den Tee länger ziehen, lösen sich auch die Gerbstoffe, die dann im Magen die Aufnahme des Koffeins verhindern. Wenn Sie also einen anregenden Tee wünschen, lassen Sie ihn nur kurz ziehen. Für einen aphrodisierenden Tee geben Sie aphrodisische Gewürze nach Ihren Vorlieben wie Ingwer, Kubeben, Nelken zum Tee.

Tollkirsche (Atropa belladonna) ♥♥♥ •

Die Tollkirsche oder Belladonna ist in Eurasien und Nordafrika beheimatet. Sie hat eine lange Geschichte als Heil- und Hexenmittel. Sie enthält Alkaloide, die medizinisch von grosser Bedeutung sind. In der richtigen Dosierung wirken sie auch als Aphrodisiakum, Überdosierung kann aber bis zum Tod führen.

Tomate ♥

Die Tomate stammt aus Amerika und wurde von den Spaniern nach Europa gebracht. Sie galt als seltene und exklusive Delikatesse. Bald wurde sie auch Liebesapfel oder Paradiesapfel genannt. Dazu trugen sicherlich auch ihr sattes Rot und ihre pralle Form bei. Besonders beliebt war die Tomate bei den Herren und den nicht so sittsamen Damen.

Trüffel ♥♥

Schon im antiken Rom wurde die Trüffel als Aphrodisiakum und Delikatesse hoch geschätzt. Das hat sich in den letzten zwei Jahrtausenden kaum geändert. Heute noch wissen Liebhaber dieses kostbaren Pilzes den Effekt auf ihre Angebeteten zu würdigen. Wer der Trüffel verfallen ist, weiss, wovon ich rede.

Vanille (Vanilla planifolia) ♥♥

Vanille wächst nur in den Regenwäldern von Zentralamerika wild, wird heute aber in vielen tropischen Ländern kultiviert. Die Blüten müssen von Hand bestäubt werden. Die Vanilleschote oder der Vanillestängel ist die Frucht, die durch Fermentation ihr Aroma entfaltet. Den mexikanischen Indianern ist die Pflanze heilig; sie würzten ihren Kakao damit. Zudem bereiteten sie ein dickflüssiges aphrodisisches Getränk aus Vanille, gerösteten Kakaobohnen, Mais, Chili und Maticopfeffer zu, das entweder süss oder gesalzen genossen wurde. Die spanischen Eroberer lernten die Vanille bei den Azteken kennen und brachten sie im 16. Jahrhundert nach Europa. Vanille ist ein beliebtes Aphrodisiakum, das ebenso besänftigend wirkt.

Viagra

Viel wurde seit ihrem Erscheinen über diese Potenzpille geschrieben. Hand aufs Herz, liebe Herren, denken Sie wirklich, dass Viagra Ihre Sinne so sensibilisiert, dass Ihr Sexleben von nun an erfüllt ist? Schreiben Sie mir von Ihren Erfahrungen. Ich bin gespannt auf Ihre Antwort. Und natürlich sind Ihre Erfahrungen genauso wertvoll, liebe Frauen!

Wein ♥♥

Die Weinrebe wurde schon vor über 4000 Jahren von den Ägyptern kultiviert. Die Griechen verehrten den Weingott Dionysos, Aphrodites Liebhaber. Bei den Römern wurde aus Dionysos Bacchus und aus Aphrodite Venus. Sie hatten dieselbe Funktion: Wenn sie zu einem Fest einluden, wurde daraus unweigerlich ein bacchantisches Gelage oder sogenannte Dionysien. Der Wein floss in grossen Mengen und Liebe konnte man gratis und «à discretion» haben. Auch heute noch spielt Wein eine wichtige Rolle als Enthemmer. Wie locker und gelassen man sich doch nach einem oder zwei Gläschen Wein fühlt. Und das ist auch gut so. Doch ein Wort der Warnung: Wein wird zum eindeutigen Anaphrodisiakum, wenn Sie Ihre Nervosität mit zu viel von dieser Flüssigkeit ertränken wollen. Sie verfallen in ein Delirium und verpassen wunderbare erotische Stunden! Siehe auch Alkohol, Seite 31.

Weizen (Triticum sativum) ♥♥

Es gibt Hinweise, dass Weizen schon 7000 Jahre vor Christus in Anatolien angebaut wurde. Nach und nach breitete sich die Kultivierung dieses Getreides aus, und heute ist es das bedeutendste Getreide, vor allem zur Brotherstellung. Neben anderen Wirkstoffen enthält Weizen Vitamin E, das die Sexualorgane stärkt und somit unentbehrlich für unser Liebesleben ist. Eine Warnung an Frauen: raffinierter Weizen führt gerne zu Scheidenpilz. Neben allen anderen guten Gründen, Vollkornprodukte zu bervorzugen, ist das einer mehr. Ab und zu mal sündigen macht das Leben süss, aber eben nur ab und zu.

Wermut (Artemisia absinthium) ♥♥

Wermut wächst auf fast allen Erdteilen und galt schon seit biblischen Zeiten als Heilmittel. Das Kraut ist der griechischen Mondgöttin Artemis (im alten Rom Diana) geweiht. Auch in China und bei den Indianern, welche die Blätter rauchten, genoss die Pflanze grosses Ansehen. Absinth, ein Getränk aus Brandy, Wermut, Fenchel, Anis und Majoran, war das Modegetränk der Bohemiens des 19. Jahrhunderts. Er wurde als Quelle künstlerischer Inspiration und als Aphrodisiakum sehr geschätzt. Die Hauptwirkstoffe sind Absinthin, ein betäubendes Schmerzmittel, und Thujon, das psychedelisch und toxisch wirken kann. Heute ist die Herstellung von Absinth verboten. Wermut ist in Apotheken frei verkäuflich. Wermuttee oder selbst hergestellten Wermut-Brandy sollten Sie nicht über längere Zeit einnehmen.

Wildreis ♥

Wildreis ist gar kein Reis, sondern der Samen eines schilfartigen Wassergrases, das in den Sumpf- und Seegebieten Nordamerikas wächst. Die Indianer kennen die aphrodisische Kraft des Wildreises schon seit Jahrhunderten.

Ylang-Ylang (Cananga odorata) ♥♥♥

Der Ylang-Ylang-Baum wächst im feucht-warmen Klima der Philippinen. Die Blüte verbreitet eine weiche, süsse und erotische Stimmung. In der Aromatherapie spielt es eine wichtige Rolle, unter anderem auch als Aphrodisiakum. Das duftende Öl hilft als Badezusatz bei Impotenz oder Frigidität. Mischt man es mit Kokosnussöl, erhält man eine erotisierende Bodylotion.

Yohimbe (Corynanthe yohimbe) ♥♥♥ •

Der Yohimbebaum ist in Westafrika zuhause. Die Rinde wird von den Einwohnern seit Urzeiten als Aphrodisiakum verwendet und spielt auch bei Hochzeitsritualen eine wichtige Rolle. Yohimbe wird auch von der westlichen Medizin als Aphrodisiakum anerkannt. Der daraus abgekochte Tee hat eine entspannende und unwahrscheinlich erotisierende Wirkung. Die Rinde ist frei verkäuflich und im ethnobotanischen Fachhandel erhältlich.

Zauberpilz (Stropharia oder Psilocybe cubensis) ♥♥♥ •

Der Zauberpilz gedeiht in allen tropischen und subtropischen Gebieten der Welt. Den Azteken ist das «Fleisch der Götter», wie er auch genannt wird, heilig. Er wird von Medizinmännern und Zauberern eingenommen, um in direkten Kontakt mit den Göttern zu treten. Seine aphrodisischen und psychedelischen Eigenschaften werden heute noch geschätzt.

Zimt (Cinnamomum zeylanicum) ♥

Zimt war schon im 3. Jahrtausend v. Chr. als Heilmittel bekannt und wurde auch von alters her als Aphrodisiakum eingesetzt. Die getrocknete Rinde wird ganz oder in Pulverform in der Küche für Süssspeisen, Getränke und in Currygerichten verwendet. Das aus den Blättern und Zweigen gewonnene Zimtöl findet in der Parfümherstellung Verwendung. Der Duft verbreitet emotionale und erotische Wärme.

Zucchini ♥

Die Zucchini ist mit dem Kürbis verwandt und hat die gleichen Vorzüge. Ausserdem beflügelt ihre phallische Form die Fantasie der Menschen seit je.

Zwiebel ♥♥

Die Zwiebel ist eine der ältesten kultivierten Pflanzen. Neben Knoblauch ist sie das wichtigste Aphrodisiakum. Im alten Ägypten war es den Priestern untersagt, Zwiebeln zu essen, und auch gläubigen Hindus war sie verboten. Bei uns waren Zwiebeln jahrhundertelang aus den Klöstern verbannt, und jungen Mädchen blieb der Zwiebelgenuss versagt. Das alles hatte einen guten Grund: der Genuss von Zwiebeln heizt die Libido an und stärkt die Sexualorgane. Sie wirken roh oder gekocht. Der Genuss von rohen Zwiebeln hat denselben Nachteil, den wir schon vom Knoblauch kennen, und sollte daher vorzugsweise mit Ihrem Schatz geteilt werden.

Wichtiger Hinweis

Die Pflanzen, Samen, Kräuter und Sporen, die im ethnobotanischen Fachhandel erhältlich sind, habe ich hier zusammen mit den Lebensmitteln aufgetischt, weil sie alle von alters her als zuverlässige Aphrodisiaka geschätzt werden. Bitte beachten Sie, dass sie zum Teil hoch giftig und daher für den Konsum ungeeignet sind. Die Autorin und der Verlag übernehmen keine Haftung für eventuellen Missbrauch und dadurch hervorgerufene mögliche Folgeschäden.

Anaphrodisiaka

Alkohol

Ein Gläschen in Ehren stimuliert und wirkt erotisierend. Ein paar Gläschen zu viel bewirken das pure Gegenteil. Schon Shakespeare kam in «Macbeth» zur weisen Einsicht: «Er fördert das Verlangen und dämpft das Tun.»

Baldrian (Valeriana officinalis)

Baldrian wurde schon im 4. Jahrhundert v. Chr. von den Griechen als Heilmittel geschätzt. Noch heute dient er zur Behandlung von Schlaflosigkeit, Angstzuständen und Hysterie. Oft wird er zusammen mit Hopfen angewendet.

Blattsalat

Für den Salat gilt dasselbe wie für die Gurke. Der Sage nach soll Venus, als Adonis starb, ihren von Traurigkeit gepeinigten Körper auf einem Bett voll Salatblätter gekühlt haben.

Chicorée

Obwohl Chicorée viele gesundheitliche Vorzüge aufweist, hat er in der aphrodisischen Küche keinen Platz.

Gurke

Trotz der phallischen Form ist die Gurke eine lustdämpfende Pflanze. Sie hat kühlende Eigenschaften, welche die Körperfunktionen im Allgemeinen auf Sparflamme setzen. Der gesundheitliche Aspekt der Gurke sei ausdrücklich nicht in Frage gestellt. Vor einem amourösen Rendez-vous soll einfach vom Genuss abgesehen werden.

Hopfen (Humulus lupulus)

Hopfen wurde bereits von verschiedenen Indianerstämmen bei Schlaflosigkeit und Reizbarkeit eingenommen. In der europäischen Medizin wird er getrocknet und mit anderen Bestandteilen zu Schlaftabletten verarbeitet.

Kampfer (Cinnamomum camphora)

Kampfer wurde früher liebestollen Frauen eingegeben, um ihre Sexbesessenheit zu drosseln. Zudem benutzte man es als Gegengift bei Vergiftungen mit der Spanischen Fliege.

Koffein

Koffein ist ein Nerventonikum, aber kein Sexualtonikum. Es kann sich bei gewissen Menschen negativ auf die Libido auswirken.

Kokain

Wer über lange Zeit regelmässig Kokain konsumiert, schädigt sein Nervensystem, was unweigerlich in sexuellem Unvermögen endet.

Nikotin

Tabak ist eines der stärksten Anaphrodisiaka. Nikotin wirkt gefässverengend und ist nicht nur allgemein gesundheitsschädigend, sondern beeinträchtigt auch die gute Durchblutung der Geschlechtsteile, die für ein reibungsloses sexuelles Funktionieren nötig ist. Kettenraucher werden nicht selten frühzeitig impotent.

Nüsslisalat, Feldsalat, Ackersalat

Dieser Salat ist mit dem Baldrian verwandt. Er wirkt beruhigend und kühlend und gehört deshalb auf keine aphrodisische Speisekarte.

Opium

Der übermässige Genuss von Opium führt zu Lustverlust und schliesslich Impotenz.

Im Folgenden habe ich noch eine kleine, aber nicht unwichtige Liste von Anaphrodisiaka zusammengestellt, die zwar nicht mit Nahrung im weitesten Sinne zu tun haben, doch aber Teil des Lebens sind. Wenn Sie alle diese Situationen oder Eigenschaften vermeiden können, sind Sie ein wahrlich glücklicher Mensch!

Alltag
Angst
Beziehungsprobleme
Depressionen
Eifersucht
Finanzielle Probleme
Frigidität
Griesgrämigkeit
Impotenz
Kleinlichkeit
Krankheit
Prüderie
Stress
Unterhosen vor den Socken ausziehen
Zeitmangel

Avocadoherz im Rauchlachskleid mit Avocadowürfeln, Rezept Seite 43

HÄPPCHEN UND VORSPEISEN

Aphrodisisches Gemüse mit Dips

Touche-moi!

Aphrodisisches Gemüse nach Ihrer Wahl, z. B. Stangensellerie, Karotten, Fenchel, Zucchini, Radieschen, Peperoni (Paprika), Tomaten, Rettich, Spargelspitzen

Senf-Kräuter-Dip:
1/2 TL Dijon-Senf
1/2 TL grobkörniger Senf
2 EL Rahmquark
2 EL Mayonnaise
2 Tropfen Orangenessenz
1 TL fein gehackte Kräuter, je nach Saison
Salz, Pfeffer aus der Mühle

Knoblauch-Mandel-Dip:
2 TL Mandelpüree (aus dem Reformhaus)
1/2 Knoblauchzehe, Keimling entfernt, gepresst
2 EL Rahmquark
2 EL Mayonnaise
Salz, weisser Pfeffer aus der Mühle, Cayennepfeffer
einige Tropfen Zitronensaft

Chili-Koriander-Dip:
1/4–1/2 rote Chilischote, entkernt, sehr fein gehackt
1 TL fein gehacktes Koriandergrün
2 EL Rahmquark
2 EL Mayonnaise
1 TL Ketchup
einige Tropfen Cognac
einige Tropfen Tabasco
2 Tropfen Korianderessenz
Salz, weisser Pfeffer aus der Mühle

♥ Waschen Sie das Gemüse. Schneiden Sie es in Streifen, Scheiben, Stäbchen und arrangieren Sie es auf einer Platte. In der Mitte der Platte genügend Platz für kleine Schälchen mit den Dips lassen.

♥ Mischen Sie alle Zutaten zu den Dips jeweils gut miteinander. Schmecken Sie die Dips pikant ab. Bis zur Verwendung kühl stellen.

♥ Kurz vor dem Servieren geben Sie die Dips in kleine, hübsche Schälchen, garnieren sie und platzieren sie in der Mitte der Platte mit den Crudités. Servieren Sie diese höchst aphrodisische Gemüseplatte mit Dips als Auftakt zu einem verheissungsvollen Abend oder zum Brunch mit einem Glas Champagner.

PS Crudités mit Dips sind ein Klassiker, den man aber nie mit der Liebesgöttin Aphrodite in Verbindung bringt. Ich hoffe, Sie werden es in Zukunft tun und diese simple Köstlichkeit umso mehr geniessen. Wenn sie Ihnen angeboten wird, lassen Sie einfach die anaphrodisischen Gurkenstücke liegen.

Artischockenböden mit Meerrettichfüllung

Love bites

6 Artischockenböden (frisch oder aus der Dose)
1 EL frischer Meerrettich oder mehr, je nach Lust
einige Tropfen Zitronensaft
35 g weiche Butter
125 g Meerrettichfrischkäse (Cantadou)
30–40 g Meerrettichcreme aus der Tube
2 EL Rahm
Salz, weisser Pfeffer aus der Mühle, Cayennepfeffer

♥ Schneiden Sie die Unterseiten der Artischockenböden gerade. Reiben Sie den Meerrettich und mischen Sie ihn sofort mit Zitronensaft, damit er sich nicht verfärbt. Schlagen Sie die Butter schaumig, fügen Sie den Frischkäse und den geriebenen Meerrettich bei und schlagen Sie weiter. Nach und nach die Meerrettichcreme beigeben. Schmecken Sie die Füllung mit Salz, Pfeffer, Cayennepfeffer und, falls nötig, mit mehr Zitronensaft und/oder Meerrettich ab.

♥ Füllen Sie die Meerrettichmasse in einen Spritzsack mit Sterntülle und spritzen Sie Rosetten auf die Artischockenböden. Garnieren Sie die Häppchen mit einem Hauch Paprika, einer dünnen Scheibe schwarzer Olive und einem Zweiglein Petersilie. Zur Abwechlung könnte die Garnitur auch aus einem Kranz gekochter Crevetten bestehen.

PS Diese Häppchen können Sie gut vorbereiten und bis zur Verwendung im Kühlschrank aufbewahren.

PPS Falls etwas von der Füllung übrig bleibt, können Sie diese zum Auftakt für ein anderes Mahl auf getoastete Brotscheiben streichen oder mit wenig Milch verdünnen und als Dip verwenden.

Cherrytomaten mit Kräuterfüllung

Just a little tease

6–10 schöne, feste Cherrytomaten
20 g Sbrinz oder Parmesan
1 Bund Kräuter (Petersilie, Basilikum usw.)
30 g weiche Butter
125 g Kräuterfrischkäse (z.B. Boursin oder Cantadou)
½ TL Portwein
Salz, Pfeffer aus der Mühle, Paprika, Tabasco, Zitronensaft
2 EL geschlagener Rahm

♥ Waschen und trocknen Sie die Tomaten. Mit einem spitzen, scharfen Messer den Stielansatz entfernen und dann jeweils einen Deckel abschneiden. Nehmen Sie die Tomätchen in die gewölbte Handfläche und höhlen Sie sie mit einem Espressolöffel aus. Ebenso verfahren Sie mit den Deckeln. Reiben Sie den Sbrinz oder Parmesan sehr fein. Einige Kräuterzweige für die Garnitur beiseite legen, die restlichen Kräuter ganz fein, aber nicht matschig hacken.

♥ Schlagen Sie die Butter schaumig und hell. Geben Sie den Frischkäse, den geriebenen Käse, die Kräuter und den Portwein dazu und schlagen Sie alles zu einer luftigen Masse. Würzen Sie sie. Zuletzt heben Sie sorgfältig den geschlagenen Rahm unter.

♥ Geben Sie die Füllung in einen Spritzsack mit Sterntülle und füllen Sie die Tomaten damit gleichmässig. Die Deckel aufsetzen und die Häppchen mit einem Kräuterzweig garnieren.

♥ Die gefüllten Cherrytomaten bis zur Verwendung in den Kühlschrank stellen.

PS Servieren Sie die Cherrytomaten mit einer Auswahl anderer Häppchen zum Aperitif. Reichen Sie nicht zu viele davon, denn leicht kann es passieren, dass man man sich den Appetit verdirbt, statt ihn anzuregen. Diese Häppchen sind auch für «ein Nachspiel» immer willkommen.

Kartoffeln mit Kaviar und Sauerrahm

Ofenküchlein mit Lachsmousse

Into my arms

Ofenküchlein:
$^1/_4$ l Wasser oder Milch
75 g Butter
150 g Mehl
je 1 Prise Salz, weisser Pfeffer und Muskatnuss
4 Eier

Lachsmousse:
150 g Rauchlachs
75 g Butter, zimmerwarm
150 ml flüssiger Rahm
wenig Zitronensaft
1 Messerspitze Meerrettichcreme
2 EL geschlagener Rahm
Salz, weisser Pfeffer, eine Idee Cayennepfeffer
einige Zweige frischer Dill

♥ Geben Sie das Wasser oder die Milch zusammen mit der Butter in einen hohen Topf. Sieben Sie das Mehl und fügen Sie Salz, Pfeffer und Muskatnuss bei. Verquirlen Sie die Eier. Bringen Sie das Wasser oder die Milch mit der Butter zum Sieden. Ziehen Sie den Topf vom Herd, geben Sie das Mehl im Sturz bei und vermengen das Ganze gründlich. Dann fügen Sie nach und nach die verquirlten Eier hinzu und klopfen die Masse jedes Mal tüchtig durch. Den Teig so lange klopfen, bis er schön glänzend ist. Mit Klarsichtfolie bedeckt, mindestens $^1/_2$ Stunde ruhen lassen.

♥ Heizen Sie den Ofen auf 180 Grad vor und belegen Sie ein Blech mit Backpapier. Füllen Sie den Teig in einen Spritzsack mit Lochtülle und spritzen Sie kleine, regelmässige Häufchen von zirka 3 cm Durchmesser auf das vorbereitete Blech. Da die Ofenküchlein stark aufgehen, zwischen den Häufchen genügend Abstand lassen. Die Küchlein auf der zweituntersten Rille im vorgeheizten Ofen rund 20 Minuten backen. Vorsicht: Öffnen Sie die Ofentüre erst gegen Schluss, sonst können die schön aufgegangenen Küchlein in sich zusammenfallen. Sobald sie goldbraun sind, nehmen Sie sie aus dem Ofen und lassen sie auf einem Gitter auskühlen.

♥ Schneiden Sie den Rauchlachs klein. Zusammen mit den restlichen Zutaten bis auf den geschlagenen Rahm und die Gewürze in den Mixer geben und alles zu feiner Konsistenz pürieren. Das ist wichtig und dauert eine Weile. Ziehen Sie den geschlagenen Rahm darunter und schmecken Sie die Mousse ab. Die Mousse bis zum Füllen der Ofenküchlein in den Kühlschrank stellen. Da sie wegen der Butter durch die Kälte ziemlich hart wird, sollte sie jedoch 1 Stunde vor der Weiterverarbeitung aus dem Kühlschrank genommen werden.

♥ Schneiden Sie von den Ofenküchlein einen Deckel ab. Geben Sie die Mousse in einen Spritzsack mit Sterntülle und spritzen Sie sie in die Ofenküchlein. Setzen Sie die Hüte schräg auf die gefüllten Küchlein und garnieren Sie sie mit ganz wenig Paprika und einem Zweiglein Dill.

PS Die ungefüllten Ofenküchlein lassen sich problemlos tiefgefrieren. Sie können mit diesen Ofenküchlein auch im Nu Profiteroles hinzaubern, indem Sie sie mit einer süssen Rahmmasse füllen, mit flüssiger Schokolade beträufeln und Ihren Herkules damit schwach machen.

Kartoffeln mit Kaviar und Sauerrahm

Es muss nicht immer, darf aber immer öfter Kaviar sein!

6 kleine, gleichmässige Kartoffeln
Salz, Pfeffer aus der Mühle
2 EL Sauerrahm
50 g Kaviar

♥ Waschen Sie die Kartoffeln gründlich und kochen Sie sie in leicht gesalzenem Wasser in 15 bis 20 Minuten weich. Schneiden Sie auf den oberen und unteren Seiten ein kleines Stück von den Kartoffeln ab. Salzen und pfeffern Sie die Oberseite. Geben Sie auf jede Kartoffel je einen Teelöffel Sauerrahm und einen Löffel Kaviar. Arrangieren Sie die Kaviar-Kartoffeln auf einer Platte und servieren Sie sie zu einem Glas Champagner.

Belegte Brötchen

Tartarbrötchen

20–40 g weiche Butter
100 g mageres gehacktes Rindfleisch (beim Metzger ausdrücklich Fleisch für Tartar verlangen)
1 frisches rohes Eigelb
Salz, Pfeffer aus der Mühle, Tabasco, Worcestershiresauce, Ketchup, Cognac
4–8 Toastbrotscheiben
nach Belieben Kapern, in feine Ringe geschnittene Frühlingszwiebeln oder Zwiebelringe, fein gehackte Petersilie für die Garnitur

♥ Schlagen Sie die Butter schaumig.

♥ Mischen Sie das Eigelb unter das Fleisch und würzen Sie es pikant.

♥ Schneiden Sie aus den Toastbrotscheiben hübsche Formen aus. Bestreichen Sie die Brotscheiben zuerst mit der Butter und dann mit dem Tartar. Garnieren Sie die Brötchen und servieren Sie sie zusammen mit anderen Canapés.

Für **Kressebrötchen** bestreichen Sie Vollkorntoastbrotscheiben mit schaumig geschlagener Butter und einer pikant abgeschmeckten, mit gehacktem, hart gekochtem Ei vermischten Mayonnaise und verteilen Kresse darauf.

Für **Selleriebrötchen** bestreichen Sie Toastbrotscheiben wiederum mit Butter, belegen sie mit einer hauchdünnen Apfelscheibe und häufen Selleriesalat (siehe Rezept Seite 48) darauf. Nach Belieben garnieren.

EIN FRISCH BESTELLTER ACKER VERKÖRPERT FÜR MICH AUFWÜHLENDE SINNLICHKEIT MIT DEFINITIV FEMININEN ZÜGEN.

Jürg Müller, 56 Jahre, Landschaftsgärtner

Crostini mit Knoblauchbutter, getrockneten Tomaten und Basilikum

Ti amo

4–8 Scheiben Baguette, je nach Appetit
Knoblauchbutter (siehe Seite 146)
4–8 schöne Basilikumblätter
4–8 sonnengetrocknete Tomaten in Olivenöl, abgetropft

♥ Toasten Sie die Baguettescheiben goldbraun. Bestreichen Sie sie noch warm mit der Knoblauchbutter, so dass die Butter auf dem Brot schön willig wird. Nun kommen die Basilikumblätter und am Schluss die Tomaten darauf. Achten Sie darauf, dass man das satte Grün des Basilikums noch sieht.

Crostini mit schwarzer Trüffel

Simply the best

4–6 Scheiben Baguette, je nach Appetit
Olivenöl extra vergine
1 schwarze Trüffel
Meersalz aus der Mühle

♥ Bepinseln Sie die Brotscheiben grosszügig mit Olivenöl. Waschen und putzen Sie die Trüffel gründlich mit einer Bürste.

♥ Erhitzen Sie eine beschichtete Bratpfanne bei mässiger Hitze. Braten Sie das Brot darin nur so lange an, bis es einen Hauch von Knusprigkeit hat. Nehmen Sie die Brotscheiben aus der Pfanne und belegen Sie sie mit hauchdünn gehobelten Trüffelscheiben. Ein wenig Meersalz darüber mahlen und die Crostini noch warm servieren.

PS Ein wunderbarer Auftakt zu einem Abend zu zweit. Die Verbindung der erdigen Einfachheit des Brotes mit der erdigen Vornehmheit des Trüffels ist einfach genial. Und die Häppchen sind in wenigen Augenblicken fertig sind.

AUBERGINENKAVIAR AUF TOAST

Hungry heart

1 Aubergine
1 Knoblauchzehe
1 Lorbeerblatt
einige Rosmarin- und Thymianzweige
6 EL Olivenöl
Salz, Pfeffer aus der Mühle
1 reife, feste Tomate
1 Tropfen Rosmarinessenz
1 Tropfen Thymianessenz

♥ Heizen Sie den Ofen auf 150 Grad vor. Halbieren Sie die Aubergine der Länge nach. Schneiden Sie über Kreuz einige Schlitze in das Fleisch, ohne die Haut zu verletzen. Den Knoblauch schälen, entkeimen und in dünne Scheiben schneiden. Brechen Sie das Lorbeerblatt, die Rosmarin- und Thymianzweige in je 2 Teile und schieben Sie diese mit den Knoblauchscheiben in die Schlitze.

♥ Legen Sie die Auberginenhälften auf ein Stück Alufolie, das gross genug ist, um sie darin einzupacken. Das Öl über die Auberginen giessen und mit Salz und Pfeffer würzen. Schliessen Sie das Paket, schieben Sie es in den vorgeheizten Ofen und backen Sie die Aubergine zirka 1 Stunde.

♥ Unterdessen schälen, vierteln und entkernen Sie die Tomate, schneiden sie in kleine Würfel und mischen sie mit den Essenzen.

♥ Wenn die Aubergine weich ist, nehmen Sie sie aus der Folie. Die Kräuterzweige und das Lorbeerblatt entfernen, den Knoblauch aber drin lassen. Kratzen Sie das Fleisch mit einem Löffel von der Haut und hacken Sie es sehr fein. Geben Sie die Tomatenwürfel zum Auberginenkaviar und schmecken Sie ihn pikant ab.

PS Der Auberginenkaviar schmeckt vorzüglich zum Aperitif auf Toast mit Butter oder, warm serviert, zu gegrilltem oder gebratenem Fisch.

LOVE BURGERS

Love me tender

Burger:
150 g gehacktes Lamm- oder Rindfleisch
1/2 TL gemahlener Kreuzkümmel
1/2 TL gemahlener Koriander
1 Messerspitze Ras el Hanout
1 TL fein gehackte Zwiebel
1/2 Knoblauchzehe, durchgepresst
1/3 TL frisch geriebener Ingwer
1/4 TL fein gehackte rote Chilischote
1/2 EL fein gehacktes Koriandergrün
je 1 Tropfen Kreuzkümmel-, Koriander- und Ingweressenz
Salz, Pfeffer aus der Mühle, Cayennepfeffer

Doppelt so viele Toastbrotscheiben, wie Sie Burger formen
1 kleine Tomate
1 kleine Zucchini
1 kleine Schalotte
1 TL Olivenöl
20–30 g Butter
Salz, Pfeffer aus der Mühle
Tomatenketchup

♥ Geben Sie alle Zutaten für die Burger in eine Schüssel, benetzen Sie Ihre Hände und vermengen Sie alles zu einer homogenen Masse. Spüren Sie in Ihren Händen die fleischliche Vorfreude ... Formen Sie nun kleine Burger. Wenn Sie gerade romantisch gestimmt sind, formen Sie die Masse zu kleinen Herzchen.

♥ Heizen Sie den Ofen auf 70 Grad vor und wärmen Sie einen Teller mit.

♥ Stechen Sie aus dem Toastbrot Herzen aus, die ein bisschen grösser sind als die Burger. Tomate, Zucchini und Schalotte in feine Scheiben schneiden.

♥ Erhitzen Sie in einer Bratpfanne das Öl mit 10 g Butter bei guter Hitze und braten Sie die Burger darin knusperig. Aus der Pfanne nehmen, das überschüssige Fett abtupfen und die Burger im Ofen warm halten. Toasten Sie die Brotherzen goldbraun. (Falls Sie keinen Toaster habe, halten Sie die Burger zugedeckt neben dem Herd warm und toasten das Brot im Ofen bei starker Oberhitze.)

♥ Bestreichen Sie jeweils eine Seite der Toastbrotscheiben mit der restlichen Butter, belegen Sie die Brotherzen mit je einer Zucchinischeibe und 1 bis 2 Schalottenringen, geben Sie einen Burger darauf, belegen diesen mit einer Tomatenscheibe, träufeln nach Belieben Ketchup darauf und legen schliesslich ein zweites Toastherz als Deckel darauf. Befestigen Sie die Love Burgers mit je einem Cocktailstäbchen und servieren Sie diese Ihrem oder Ihrer Liebsten zum Aperitif.

PS Selbstverständlich können Sie die Love Burgers auch als Mahlzeit zubereiten. Verdoppeln Sie einfach die Mengen der Zutaten, formen Sie etwas grössere Burger und vergrössern Sie dementsprechend die Herzformen des Brotes. Servieren Sie dazu einen kraftvollen Sprossensalat, aber auf keinen Fall einen Kopfsalat oder Gurkensalat.

PPS Ras el Hanout ist eine arabische Gewürzpaste, die Sie in arabischen Läden oder in gut sortierten Lebensmittelabteilungen von Warenhäusern finden.

Riesencrevetten im Pandanusrock

Can-lah

1 TL helle Sojasauce
1/4 TL Kurkuma (Gelbwurz)
Salz, Pfeffer aus der Mühle, Chilipulver
10 Riesencrevetten
10 Pandanusblätter (im Thai-Laden vorbestellen)
2 EL Erdnussöl

♥ Vermischen Sie die Sojasauce mit den Gewürzen und marinieren Sie die Riesencrevetten darin etwa 20 Minuten. Die Pandanusblätter kurz in kaltes Wasser legen, damit sie geschmeidig werden.

♥ Tupfen Sie die Riesencrevetten und die Pandanusblätter mit Küchenpapier trocken. Wickeln Sie die Blätter um die Crevetten und stecken Sie die Blattenden ein. Falls das nicht geht, befestigen Sie sie mit einem Zahnstocher.

♥ Erhitzen Sie das Öl in einer Bratpfanne und braten Sie die Riesencrevetten darin bei guter Hitze je nach Grösse 3 bis 5 Minuten gar. Tupfen Sie sie mit Küchenpapier ab und servieren Sie die Häppchen sofort. Die Pandanusblätter werden vor dem Genuss entfernt.

PS Sie können die Riesencrevetten im Pandanusrock selbstverständlich auch fritieren.

1 DOZ FRESH, LUSCIOUS, BAROQUE
TASMANIAN OYSTERS
1 BUNCH SUN-SPOILT, TENDERLY SWEET
MALAGA TYPE GRAPES
1 BAGUETTE, OVEN-FRESH AND CRUNCHY
1 BOTTLE OF CHAMPAGNE
SERVED ON A TRAY FOR A DELICIOUS
BREAKFAST IN BED – FOR TWO.

Polly P., volljährig, Englischlehrerin

GEDÄMPFTE JAKOBSMUSCHELN, CHINESISCHE ART

Tender touch

1 rote Chilischote
2 cm frischer Ingwer
2 EL dunkle Sojasauce
1 EL helle Sojasauce
1 EL Sesamöl
1 Tropfen Ingweressenz
1 Knoblauchzehe
10 Jakobsmuscheln in der Schale oder
10 ausgelöste Muscheln und 10 Schalen, separat gekauft
10 schöne Korianderblätter für die Garnitur

♥ Schneiden Sie die Chilischote in 10 feine Ringe. Entfernen Sie dabei die Kerne. Schälen Sie den Ingwer und schneiden Sie ihn in feinste Stäbchen. Mischen Sie die beiden Sojasaucen mit dem Sesamöl und der Ingweressenz. Den Knoblauch schälen, entkeimen und in die Sojamischung pressen. Marinieren Sie die Chiliringe und den Ingwer etwa 10 Minuten in dieser Mischung.

♥ Die Muscheln und die Muschelschalen kurz in kaltem Wasser waschen. Legen Sie je eine Muschel in eine Schale. Beträufeln Sie jede Muschel mit ein wenig Sojasaucenmischung. Achten Sie darauf, dass auf jeder Muschel ein Chiliring und etwa gleich viel Ingwerstäbchen sind. Die restliche Sauce in ein kleines, hübsches Schälchen mit einem Löffelchen giessen und das Schälchen in der Mitte einer Servierplatte platzieren.

♥ Geben Sie etwas Wasser in einen Wok oder einen Kochtopf mit Dämpfaufsatz und bringen Sie es zum Kochen. Legen Sie die Muscheln in der Schale auf den Dämpfaufsatz, schliessen Sie den Deckel und dämpfen Sie die Muscheln (falls nötig in mehreren Portionen) je nach Grösse etwa 1 Minute auf den Punkt. Achten Sie darauf, dass die Sojasaucenmischung in der Schale bleibt. Die gedämpften Muscheln auf der Servierplatte arrangieren, nach Belieben mit einigen Salatblättern ausgarnieren. Geben Sie auf jede Muschel ein Korianderblatt und servieren Sie die Muscheln Ihrem Herzblatt.

AVOCADOHERZ IM RAUCHLACHSKLEID MIT AVOCADOWÜRFELN

Herzpochen

6–8 schöne, dünn geschnittene Rauchlachsscheiben
100 g Avocadofleisch (ca. 1/2 Avocado)
1–2 TL Zitronensaft
1/2–1 Knoblauchzehe
wenig fein geriebener Meerrettich
1 Tropfen grüne Pfefferessenz
1 Tropfen Zitronenessenz
1 1/2 Blatt Gelatine
5 EL Rahm
Salz, weisser Pfeffer aus der Mühle,
Cayennepfeffer
1 Messerspitze gemahlener Kreuzkümmel

Kräutervinaigrette:
1/2 Bund Kräuter, z. B. Petersilie, Kerbel,
Koriander oder Schnittlauch
1/2 Knoblauchzehe
1/2 TL Senf
1 TL Sherryessig
1–2 EL Baumnussöl
Salz, weisser Pfeffer aus der Mühle,
Cayennepfeffer

1 reife Avocado
2 TL Zitronensaft

♥ Kleiden Sie zwei Herzförmchen von zirka 100 ml Inhalt zuerst mit Plastikfolie und dann mit den Rauchlachsscheiben aus. Achten Sie darauf, dass genügend Lachs zum Zudecken der Herzformen über den Rand lappt.

♥ Pürieren Sie das Avocadofleisch mit dem Zitronensaft.

♥ Weichen Sie die Gelatine in kaltem Wasser ein, drücken Sie sie ein wenig aus und lösen Sie sie in einem halben Esslöffel heissem Wasser auf. 1 bis 2 Esslöffel Avocadopüree zur aufgelösten Gelatine geben und das Ganze gründlich mischen. Rühren Sie diese Mischung unter das restliche Avocadopüree. Den Knoblauch schälen, entkeimen und zum Püree pressen. Würzen Sie alles mit Meerrettich nach Ihrem Geschmack, mit Salz, Pfeffer und den ätherischen Ölen.

♥ Schlagen Sie den Rahm steif und heben Sie ihn sorgfältig unter die Masse. Kosten Sie sie nochmals, bevor Sie die Herzen mit der Mousse füllen. Die Mousse sachte mit dem überlappenden Teil der Rauchlachsscheiben bedecken. Überstehende Teile mit einer Schere wegschneiden. Bedecken Sie die Herzen mit Plastikfolie und stellen Sie sie mindestens 1 Stunde in den Kühlschrank.

♥ Inzwischen hacken Sie die Kräuter für die Vinaigrette sehr fein. Den Knoblauch pressen und mit den übrigen Zutaten für die Vinaigrette mischen, bis sie emulgieren. Geben Sie die Kräuter bei und schmecken Sie die Vinaigrette pikant ab.

♥ Schälen und halbieren Sie die Avocado, entfernen Sie den Kern und schneiden Sie das Fleisch in gleichmässige Würfel. Bepinseln Sie diese sofort mit Zitronensaft, damit sie sich nicht bräunlich verfärben und mischen Sie sie mit der Vinaigrette.

♥ Nehmen Sie die Avocadoherzen aus dem Kühlschrank, lösen Sie sie aus der Form und ziehen Sie die Plastikfolie ab. Platzieren Sie die Herzen in der Mitte zweier Teller und garnieren Sie diese mit den Avocadowürfeln, Vinaigrette und einem Kräuterzweiglein.

ARTISCHOCKENBLUME MIT LACHSTARTAR

Flower power

2 Artischocken
Zitronensaft

200 g Lachsrückenfilet
Zitronensaft
Salz und weisser Pfeffer aus der Mühle
2 EL Baumnussöl
2 Tropfen Dillessenz

1 Dillsträusschen nach Belieben als Garnitur

♥ Kochen Sie die Artischocken in einem grossen Topf, mit Salzwasser bedeckt, 30 bis 40 Minuten weich. Im Dampfkochtopf dauert es 12 Minuten. Nach dem Auskühlen die Blätter herauszupfen, das Heu mit einem Löffel von den Artischockenböden schaben und diese beiseite legen.

♥ Für das Tartar schneiden Sie das Lachsrückenfilet in dünne Scheiben, die Sie dann in feine Streifen schneiden und diese wiederum sehr fein hacken. Das Baumnussöl mit der Dillessenz unter das Tartar mischen und alles mit Salz, Pfeffer und Zitronensaft würzen.

♥ Geben Sie das Lachstartar auf die beiden Artischockenböden und platzieren Sie diese in der Mitte von zwei Tellern. Die Artischockenblätter blumenartig rund herum arrangieren und das Tartar mit einem Dillzweiglein garnieren. Servieren Sie zu dieser Vorspeise knuspriges Brot.

PS Zu den Blättchen passt gut ein Dip (siehe Aphrodisisches Gemüse, Seite 34) oder eine Vinaigrette (siehe Spargelcharlotte, Seite 48).

ROTE PEPERONIMOUSSE MIT MARINIERTEN PEPERONI

Rot wie die Liebe

Mousse:
500 g rote Peperoni (Paprika)
1 kleine Zwiebel
1 EL Butter
2 EL Weissweinessig
1/2 EL Himbeeressig
4 Blatt Gelatine
Salz, Pfeffer, Cayennepfeffer
150 ml Rahm

Marinierte Peperoni:
1–2 rote und/oder gelbe Peperoni (Paprika)
1 EL Olivenöl
1 EL Paniermehl
1 EL gehackte Petersilie
1 TL gehackter Oregano
1/2 EL grob gehackte Kapern
1–2 Sardellenfilets, nach Belieben, klein gehackt
1/2 EL Weissweinessig
1 TL Himbeeressig
1/2 EL frisch geriebener Parmesan
Salz, Pfeffer aus der Mühle

6 Riesencrevetten
Salz, Pfeffer aus der Mühle
1 EL Olivenöl
1 Hand voll Kresse

♥ Halbieren Sie die Peperoni und entfernen Sie alle Kerne und weissen Häutchen. Die Peperoni waschen und in Streifen schneiden. Die Zwiebel schälen und hacken. Schmelzen Sie die Butter in einer Sauteuse und dünsten Sie darin die Zwiebel glasig. Fügen Sie die Peperonistreifen hinzu und dünsten Sie diese bei mässiger Hitze, bis sie ganz weich sind. Kochen Sie die Flüssigkeit ein. Pürieren Sie die Peperoni-Zwiebel-Mischung gründlich und streichen Sie das Püree durch ein feines Sieb. Die Masse dabei gut ausdrücken. Es sollte zirka 200 ml Peperonipüree ergeben.

♥ Erhitzen Sie in einem kleinen Töpfchen den Weisswein- und den Himbeeressig und reduzieren Sie die Flüssigkeitsmenge auf 1 Esslöffel. Weichen Sie die Gelatine in kaltem Wasser ein. Die ausgedrückten Gelatineblätter zum Essig geben und darin auflösen. Achten Sie darauf, dass sich die Gelatine vollständig aufgelöst hat. Mischen Sie nach und nach 4 Esslöffel Peperonipüree darunter und sieben Sie die Mischung schliesslich zum restlichen Peperonipüree. Das Püree mit Salz, Pfeffer und Cayennepfeffer abschmecken. Lassen Sie die Masse abkühlen, bis sie am Rand leicht fest wird. Schlagen Sie den Rahm steif und heben Sie ihn sorgfältig darunter. Die Mousse in den Kühlschrank stellen, bis sie fest ist.

♥ Heizen Sie den Ofen auf 250 Grad vor. Vierteln Sie die Peperoni und entfernen Sie Kerne und weisse Häutchen. Legen Sie die Peperoniviertel auf ein mit Backpapier belegtes Blech und schieben Sie sie für 10 bis15 Minuten in den heissen Ofen. Das Blech herausnehmen und die Peperoni mit einem feuchten Küchentuch bedecken. Wenn die Peperoni abgekühlt sind, ziehen Sie die Haut mit einem scharfen Messer ab. Die Haut sollte sich mühelos lösen und das Fleisch noch fest sein. (Wenn die Haut noch am Fleisch haftet, waren die Peperoni nicht lange genug im Ofen.) Die Peperoni in gleichmässige Streifen von 4 cm Breite schneiden. Legen Sie diese auf einer Platte aus.

♥ Erwärmen Sie das Olivenöl in einer Pfanne. Geben Sie das Paniermehl dazu und rösten Sie es, bis es goldbraun ist und aromatisch riecht. Geben Sie alle Zutaten bis und mit dem Himbeeressig dazu und dämpfen Sie alles kurz durch. Die Pfanne vom Herd nehmen, den Parmesan darunter mischen und die Masse mit Salz und Pfeffer aus der Mühle abschmecken. Verteilen Sie diese krümelige Masse über die Peperoni, bedecken Sie alles mit Plastikfolie und lassen Sie die Peperoni darin ziehen.

♥ Salzen und pfeffern Sie die Riesencrevetten. Erhitzen Sie das Olivenöl in einer Bratpfanne bei guter Hitze und braten Sie die Riesencrevetten darin, bis die Schale leuchtend rot und das Fleisch durchgegart ist. Aus der Pfanne nehmen und mit Küchenpapier trocken tupfen.

♥ Kurz vor dem Servieren streuen Sie ein Kissen von Kresse auf zwei Teller. Von der kalten Mousse mit einem in heisses Wasser getauchten Glaceportionierer zwei Nocken ausstechen und diese auf die Kresse geben. Arrangieren Sie die marinierten Peperonistreifen und die gebratenen Riesencrevetten dekorativ darum herum und servieren Sie diese Sinfonie in Rot sofort. Knusperiges Brot schmeckt himmlisch dazu.

PS Die drei Elemente dieser Vorspeise lassen sich auch separat servieren, also zum Beispiel nur die Mousse oder nur die marinierten Peperoni.

Geräucherte Entenbrüstchen mit Kaiserling auf Rucola

Lay lady lay

2 Hand voll Rucola
1–2 schöne Kaiserlinge
(ersatzweise Champignons)

Vinaigrette:
½ TL Senf
1 Messerspitze Honig
1 EL Sherryessig
1 EL Rotweinessig
1 Tropfen Orangenessenz
1 Tropfen Ingweressenz
2 EL Baumnussöl
2 EL Erdnuss- oder Traubenkernöl
Salz, weisser Pfeffer aus der Mühle

80 g geräucherte Entenbrust,
in Scheiben
einige Kapstachelbeeren (Physalis)
als Garnitur

♥ Entfernen Sie die zähen Stängel vom Rucola und geben Sie die Blätter in eine Schüssel. Die Kaiserlinge oder Champignons mit einem Pinsel säubern und in dünne Scheiben schneiden. Mischen Sie alle Zutaten für die Vinaigrette zu einer Emulsion und bestreichen Sie die Pilze sanft damit.

♥ Mischen Sie die restliche Vinaigrette gründlich unter den Rucola, bis jedes Blatt mit Sauce überzogen ist.

♥ Richten Sie den Rucolasalat auf zwei Tellern an und garnieren Sie ihn mit den Pilzscheiben, den Entenbrustscheiben und den Kapstachelbeeren.

PS Eine schnelle und doch aparte Vorspeise, die Sie immer wieder nach Ihren Gelüsten abwandeln können.

PPS Kaiserling ist ein hervorragender Pilz, der nur roh gegessen wird. Auf dem Markt ist er beschränkt erhältlich, und Pilzsammler, die wissen, wo er wächst, verraten ihr Geheimnis wohl kaum. Doch keine Sorge, Champignons tun's notfalls auch.

Petersilienmousse im Liebesapfel

No tomorrows

4 kleine oder 2 grössere schöne, reife Tomaten
1 kleine Schalotte
2–4 Bund Petersilie (40 g abgezupfte Blätter)
30 g tiefgefrorene Spinatblätter, angetaut und ausgedrückt gewogen
1 EL Butter
100 ml Gemüsebouillon
75 ml Rahm
2 Blatt Gelatine
100 ml Rahm
Salz, Pfeffer, Muskatnuss, grüner Tabasco
einige Tropfen Zitronensaft

Garnitur, nach Belieben:
2 Wachteleier
4 Radieschen
6 erstklassige Riesencrevetten
2 gekochte Miesmuscheln
1 TL Zitronensaft
1 TL Sojasauce
1 Hauch von Knoblauch
Salz und Pfeffer
1 EL bestes Olivenöl

♥ Blanchieren Sie die Tomaten 15 Sekunden in kochendem Wasser und schrecken Sie sie dann in kaltem Wasser ab. Ziehen Sie die Haut ab und schneiden Sie etwa einen Drittel als Deckel ab. Die Tomaten und die Deckel sorgfältig aushöhlen und mit der Öffnung nach unten kühl stellen.

♥ Hacken Sie die Schalotte fein (sie sollte etwa 1 Esslöffel ergeben), ebenso die Petersilie und den Spinat. Erwärmen Sie die Butter und dünsten Sie die Schalotte darin glasig. Dann geben Sie die Petersilie dazu und dünsten sie, bis sie zusammengefallen ist, schliesslich den Spinat und dünsten ihn ebenfalls kurz mit. Alles mit der Bouillon ablöschen, aufkochen, den Topf zudecken und das Gemüse bei kleiner Hitze 5 Minuten köcheln lassen. Geben Sie die 75 ml Rahm bei und lassen Sie ihn kochen, bis er sämig ist. Pürieren Sie alles sehr fein mit dem Mixer. Sie sollten etwa 100 bis 150 ml Püree erhalten.

♥ Weichen Sie die Gelatine in kaltem Wasser ein, drücken Sie sie aus und lösen Sie sie in 1 Esslöffel heissem Wasser auf. Zum Püree geben und gut darunter mischen. Das Püree vollständig erkalten lassen.

♥ Schlagen Sie die zweite Portion Rahm steif und ziehen Sie ihn sorgfältig unter das Püree, sobald dieses am Rand fest zu werden beginnt. Schmecken Sie es ab. Füllen Sie das Püree mit einem Spritzsack ohne Tülle in die vorbereiteten Tomaten und lassen Sie es im Kühlschrank fest werden.

♥ Geben Sie die Wachteleier in kochendes Wasser, reduzieren Sie die Hitze und kochen Sie sie 3 Minuten. In kaltem Wasser abschrecken.

♥ Schnitzen Sie die Radieschen zu hübschen Röschen. Marinieren Sie die Crevetten und Muscheln kurz mit Zitronensaft, Sojasauce und Knoblauch. Würzen Sie sie mit Salz und Pfeffer und braten Sie sie im heissen Olivenöl etwa 3 bis 5 Minuten oder bis sie gar sind. Heiss schmecken sie am besten. Wer aber den Geruch oder den Stress meiden möchte, kann sie vorbereiten und kalt zu den gefüllten Tomaten servieren.

♥ Die gefüllten Tomaten 30 Minuten vor dem Servieren aus dem Kühlschrank nehmen, damit die Mousse schön weich wird. Richten Sie sie auf zwei Tellern an und garnieren Sie sie mit einem kleinen Petersilienbüschel. Legen Sie die Tomatendeckel umgekehrt daneben, betten Sie sie mit gehackter Petersilie aus und legen Sie eine marinierte Muschel hinein. Das Ganze schön mit den Crevetten, Wachteleiern und Radieschen ausschmücken.

PS Spinat ist an sich eher ein Liebestöter, aber in solch kleinen Mengen kann er sicherlich nicht schaden. Wenn Sie aphrodisisch ganz konsequent sein wollen, ersetzen Sie ihn durch eine grössere Menge Petersilie.

Selleriesalat an Honig-Senf-Sauce

Aphrodites Lieblingssalat

1 kleine Sellerieknolle
Zitronenwasser
1 kleiner Apfel
2–3 EL Zitronensaft
1 TL oder mehr Colman's Mustard (Senfpulver)
4 EL Mayonnaise
1 EL heller Honig
2 EL Rahm, nach Belieben
Salz, weisser Pfeffer, Tabasco

♥ Vierteln und schälen Sie den Sellerie. Legen Sie ihn sofort in Zitronenwasser, damit er sich nicht verfärbt. Dasselbe tun Sie mit dem Apfel. Raspeln Sie zuerst den Sellerie und dann den Apfel in eine Schüssel und vermischen alles sofort mit dem Zitronensaft.

♥ Rühren Sie den Mustard mit wenig Wasser zu einer dicken Paste und lassen Sie ihn 10 Minuten stehen, damit er sein Aroma entfalten kann.

♥ Verrühren Sie die restlichen Zutaten, geben Sie den Senf dazu und vermischen Sie alles mit dem Sellerie und dem Apfel. Den Salat abschmecken. Senf und Honig sollten erahnbar, aber nicht zu dominant sein.

♥ Zur Abwechslung können Sie hin und wieder einige Stückchen Ananas darunter mischen. Selleriesalat wird traditionsgemäss mit Ananasscheibe, roten Cocktailkirschen und Baumnüssen garniert.

PS Ich habe für diesen Salat Colman's Mustard gewählt, weil er zum einen eine wunderbare, dem Meerrettich ähnliche Schärfe hat, und zum anderen, weil man damit eine feste Paste zubereiten kann, die die Salatsauce nicht allzu sehr verdünnt. Zum dritten ist er schön hell und lässt dem Sellerie seine natürliche Farbe.

Spargelcharlotte mit Tomatenvinaigrette

Sie liebt mich, sie liebt mich nicht

1 kg gleich grosse und gleich dicke grüne Spargeln
Salz
1 Prise Zucker
1 EL Butter

Füllung:
200 g weisse Spargeln
2 Blatt Gelatine
1/2 Bund Kerbel oder Petersilie
100 ml Doppelrahm
Salz, Cayennepfeffer
1 kleine, feste, aromatische Tomate

Vinaigrette:
1 TL Sherryessig
1 TL Balsamicoessig
1 EL Baumnussöl
1 EL Olivenöl
Salz, weisser Pfeffer aus der Mühle, Cayennepfeffer
2 Tropfen Basilikumessenz

♥ Buttern Sie zwei kleine Timbaleformen von etwa 8 cm Durchmesser grosszügig aus. Am besten geht dies mit flüssiger Butter und einem Pinsel. Kleiden Sie die Timbaleförmchen mit Plastikfolie aus und buttern sie diese wiederum grosszügig. Ohne Butter würden die Spargelspitzen nicht gut stehen. Die Formen in den Kühlschrank stellen.

♥ Waschen Sie die grünen Spargeln und schneiden Sie die Spitzen in 5 bis 6 cm Länge ab. Kochen Sie in einer weiten Kasserolle Wasser auf (es wird anschliessend für die Spargeln verwendet), blanchieren Sie darin etwa 15 Sekunden die Tomate, dann kühlen Sie sie in kaltem Wasser ab. Die Tomate schälen, entkernen, in kleine Würfel schneiden und bis zur weiteren Verwendung kühl stellen.

♥ Salzen Sie nun das heisse Wasser grosszügig, geben Sie den Zucker und die Butter bei und kochen Sie die Spargeln darin al dente. Schrecken Sie die Spargeln in Eiswasser ab und legen Sie sie auf ein sauberes Küchentuch. 50 ml vom Spargelsud abmessen und beiseite stellen.

♥ Stellen Sie die Spargeln mit der Spitze nach oben dicht nebeneinander dem Rand entlang in die Timbaleformen. Das erfordert etwas Geduld, denn es kann passieren, dass sie wie bei einem Domino nacheinander umfallen. Vergewissern Sie sich in diesem Fall, ob die Schnittfläche der Spargeln schön gerade ist. Die Förmchen wieder kühl stellen.

♥ Für die Füllung rüsten Sie die weissen Spargeln und schneiden sie in Scheiben. Erhitzen Sie den beiseite gestellten Spargelsud und kochen Sie darin die Spargelscheiben, bis sie ganz weich sind und die Flüssigkeit auf ein Drittel reduziert ist.

♥ Unterdessen weichen Sie die Gelatine in kaltem Wasser ein. Zwei Kräuterzweiglein für die Garnitur beiseite legen und den Rest hacken.

♥ Pürieren Sie die weich gekochten Spargeln zusammen mit den Kräutern im Mixer sehr fein, geben den Rahm dazu und würzen Sie mit Salz und Cayennepfeffer. Die Masse nochmals kurz erhitzen und die gut ausgedrückte Gelatine beifügen. Lassen Sie die Füllung handwarm abkühlen, dann heben Sie die Hälfte der Tomatenwürfel unter und giessen die Füllung in die Timbaleformen. Die grösste Arbeit ist jetzt getan, die Spargelcharlotten werden nun noch mindestens 4 Stunden durchgekühlt.

♥ Für die Vinaigrette rühren Sie alle Zutaten zu einer sämigen Sauce, würzen sie pikant und mischen die restlichen Tomatenwürfel darunter.

♥ Kurz vor dem Servieren vorsichtig die Plastikfolie von den Timbaleförmchen lösen, ohne den Spargelkranz zu beschädigen. Heben Sie die Spargelcharlotten mit einem Spachtel vorsichtig auf zwei Teller. Giessen Sie die Vinaigrette rund herum, garnieren Sie die Teller mit einem Kräuterzweiglein und verführen Sie mit dieser äusserst dekorativen Delikatesse Ihren Geliebten oder ihre Geliebte.

PS Bereiten Sie genügend Spargeln zu. Es wäre ärgerlich, wenn Ihnen ein paar Stangen für einen ganzen Kranz fehlen würden. Mit den restlichen Spargeln und mit den Spargelabschnitten bereiten Sie eine feine Spargelcremesuppe für den nächsten Tag zu.

PPS Wenn Sie es luxuriös lieben, kaufen Sie auf dem Markt neben den Spargeln noch 100 g kleine frische Morcheln. Waschen Sie diese sorgfältig, so dass der Sand gründlich aus allen Fältchen gespült wird, und entfernen Sie die Stiele. Kochen Sie 200 ml Spargelsud auf und garen Sie darin die Morcheln al dente. Lassen Sie die Morcheln abtropfen und richten Sie sie rund um die Charlotten an.

WACHTELBRÜSTCHEN UND WACHTELSPIEGELEI AUF SPROSSENSALAT

Liebestaumel

2 Hand voll Fenchel-, Zwiebel- oder Selleriesprossen

Vinaigrette:
1 EL Weissweinessig
2–3 EL Sonnenblumenöl
1 TL Kürbiskernöl
Salz, Pfeffer aus der Mühle

1 EL Butter
4 Wachtelbrüstchen
Gewürzsalz (siehe Seite 146)
4 Wachteleier
Salz, Pfeffer aus der Mühle, Paprika

- Heizen Sie den Ofen auf 70 Grad vor und wärmen Sie einen Teller und darauf ein Kuchengitter mit. Die Sprossen gründlich waschen und auf einem sauberen Küchentuch trocknen. Rühren Sie die Zutaten für die Vinaigrette zu einer Emulsion.
- Erhitzen Sie in einer Bratpfanne die Butter bei hoher Hitze. Würzen Sie die Wachtelbrüstchen mit dem Gewürzsalz und braten Sie das Fleisch kurz und kräftig an. Die Wachtelbrüstchen mit Küchenpapier trocken tupfen und auf das Kuchengitter in den Ofen legen. Reduzieren Sie die Hitze der Herdplatte.
- Mischen Sie die Sprossen mit der Vinaigrette und arrangieren Sie den Salat auf zwei Tellern.
- Braten Sie die Wachteleier in der Bratpfanne, bis das Eiweiss fest, aber das Eigelb noch flüssig ist.
- Die Wachtelbrüstchen aus dem Ofen nehmen und mit den Wachtelspiegeleiern neben dem Sprossensalat anrichten. Servieren Sie diese Vorspeise sofort.

PS Sprossen sind ein Naturkraftpaket. Wenn es sich zudem noch um Sprossen bekannter Aphrodisiaka wie Sellerie, Fenchel oder Zwiebel handelt, können Sie unmöglich falsch liegen. Vielleicht inspiriert Sie dies dazu, die Sprossen selber zu ziehen. Der Arbeitsaufwand ist gering und ernten können Sie ein paar Minuten vor dem Essen. Frischer und gesünder geht es nicht. Die nötigen Informationen erhalten Sie im Reformhaus, im Samenhandel und in Drogerien, die auf Naturkost spezialisiert sind.

Auf einem Berg in der Sonne sitzen, das Wolkenmeer anschauen und fantasieren, sich mit der Freundin in das weiche, warme, flauschige Wolkengebilde fallen zu lassen und sanft aufgefangen zu werden – kribbelndes Abenteuer und kuschelige Wohligkeit in einem.

Fabian S., 31 Jahre, Artdirector

Lachs- und Steinbuttrosette mit Koriandervinaigrette

Rosy cheeks and everything

125 g frischer Lachs
125 g frischer Steinbutt
wenig Limonensaft
1 EL Baumnussöl
Salz, weisser Pfeffer aus der Mühle

Koriandervinaigrette:
1 Tomate
1/2 TL Koriandersamen
1/2 TL weisse Pfefferkörner
1 EL Limonensaft
2 EL Baumnussöl
1/2 Bund Koriandergrün
Salz, weisser Pfeffer aus der Mühle
2 Tropfen Korianderessenz

♥ Legen Sie die Fischfilets etwa 30 Minuten in das Tiefkühlfach, bis sie leicht angefroren sind. Die beiden Fischfilets in breite, hauchdünne Scheiben (wie für ein Rindfleisch-Carpaccio) schneiden und diese auf einer Platte ausbreiten.

♥ Mischen Sie den Limonensaft mit dem Baumnussöl und wenig Salz und bepinseln Sie die Fischfilets mit dieser Marinade. Lassen Sie den Fisch im Kühlschrank marinieren.

♥ Schälen, vierteln und entkernen Sie die Tomate und schneiden Sie sie in kleine Würfel. Zerdrücken Sie die Koriander- und die Pfefferkörner im Mörser. (Wenn Sie keinen Mörser zur Verfügung haben, geben Sie die Körner in einen kleinen Plastiksack und zerstossen sie mit einem Messerstiel oder dem Wallholz.)

♥ Rühren Sie den Limonensaft und das Baumnussöl zu einer Emulsion. Legen Sie einige Zweige vom Koriandergrün für die Garnitur beiseite. Von den restlichen Zweigen die Blätter abzupfen und fein hacken. Geben Sie die Tomatenwürfel, die zerstossenen Körner und die gehackten Korianderblätter zur Vinaigrette und mischen Sie alles gründlich. Mit Salz, weissem Pfeffer aus der Mühle und der Korianderessenz würzen.

♥ Formen Sie mit den marinierten Fischtranchen auf zwei Tellern je eine hübsche, zweifarbige Rosette. Träufeln Sie die Vinaigrette rund um die Rosetten und garnieren Sie das Ganze mit den Korianderzweigen. Servieren Sie diese Vorspeise mit warmem Toastbrot oder Baguette.

Rahmrührei mit schwarzer Trüffel auf Rauchlachs

Kamasutra

4 schöne Scheiben Rauchlachs
4 frische Eier
1 EL fein geschnittener chinesischer Schnittlauch
2 Prisen Ginsengpulver
Salz, Pfeffer aus der Mühle
20 g Butter
3 EL Rahm
1 schwarzer Trüffel

♥ Formen Sie die Rauchlachsscheiben auf zwei Tellern zu schönen Herzen oder Rosetten.

♥ Verklopfen Sie in einer Chromstahlschüssel mit einer Gabel die Eier mit dem chinesischen Schnittlauch und dem Ginsengpulver und würzen Sie das Ganze.

♥ Schmelzen Sie die Butter über dem Wasserbad. Die Eier dazugeben und rühren, bis die Masse dicklich wird. Fügen Sie den Rahm hinzu; das stoppt den Garprozess. Geben Sie das Rührei auf zwei vorgewärmte Teller, hobeln Sie die Trüffel darüber und servieren Sie das Gericht sofort. Dazu reichen Sie warmen Toast.

PS Als Sonntagsfrühstück mit einem Glas Champagner genossen, ist dieses Gericht ein Aufsteller im wahrsten Sinn des Wortes.

PPS Im Wasserbad wird das Rührei besonders cremig und gehaltvoll. Natürlich können Sie es auch in einer beschichteten Bratpfanne zubereiten: Dazu schmelzen Sie die Butter, dann fügen Sie die mit dem Rahm vermengte Eiermasse bei und lassen sie halb stocken. Bewegen Sie die Masse hin und wieder mit einem Spachtel, so dass grosse, cremigweiche Stücke entstehen.

PS Dieses kleine Gericht eignet sich übrigens auch vorzüglich für einen Brunch (natürlich mit einem Glas Champagner) oder für eine kleine Mahlzeit zur später Stunde. Sie können die Rosetten schon im Voraus formen und mit Plastikfolie bedeckt kühl stellen. Auch die Vinaigrette können Sie einige Stunden vor dem Genuss zubereiten. Kurz vor dem Servieren rühren Sie die Vinaigrette nochmals kurz auf und träufeln sie um die Rosetten. Einfacher wird es, wenn Sie nur eine Sorte Fisch nehmen.

Pochierte Austern mit Champagnersauce und Trüffeln

The world's your oyster

8–10 frische Austern
100 ml Champagner
200 ml legierte Fischsauce (siehe Seite 145)
1 schwarze Trüffel
Kräuterzweiglein als Garnitur

♥ Öffnen Sie die Austernschalen vorsichtig, indem Sie darauf achten, dass die darin enthaltene Flüssigkeit nicht verloren geht. Das Austernfleisch herausheben, vorsichtig allen Sand abspülen und die Austern in eine flache Schale legen. Sieben Sie die aufgefangene Flüssigkeit durch ein Mundtüchlein in einen kleinen Topf. Putzen Sie die tieferen Austernschalen gründlich mit einer Bürste und legen Sie die Schalen zum Vorwärmen in heisses Wasser.

♥ Kochen Sie den Austernsaft zusammen mit dem Champagner auf, nehmen Sie das Pfännchen vom Feuer und pochieren Sie die Austern darin etwa 30 bis 40 Sekunden. Die Austern herausheben und warm halten.

♥ Kochen Sie den Sud nochmals auf und reduzieren Sie ihn auf die Hälfte. Geben Sie die legierte Fischsauce bei, erhitzen Sie das Ganze und lassen Sie es zu einer sämigen Sauce köcheln. Schlagen Sie die Sauce mit dem Handrührgerät schaumig.

♥ Legen Sie die vorgewärmten Austernschalen auf vorgewärmte Teller, geben Sie in jede Schale eine Auster, überziehen Sie diese mit der Champagnersauce und belegen Sie jede Auster mit einer dünn gehobelten Scheibe Trüffel. Garnieren Sie die Teller als Farbtupfer mit einem Kräutlein.

Und nun nehmen Sie die Teller und fliegen Sie mit Ihrem Adam ins kulinarische Paradies …

PS Anstelle der Trüffel geben Sie etwas Kaviar über die angerichteten Austern.

Avocadorisotto

Mariage fou

1 reife Avocado
Zitronensaft
Salz, Pfeffer aus der Mühle
1/2–1 Knoblauchzehe

1 Schalotte
1 EL Olivenöl
150 g Risottoreis (Arborio oder Carnaroli)
5 EL Weisswein
300–400 ml heisse Gemüsebouillon
40 g frisch geriebener Parmesan
4 EL Rahm, halb geschlagen

♥ Schälen und halbieren Sie die Avocado, entfernen Sie den Kern und schneiden Sie das Fleisch in gleichmässige Würfel von 1 cm Durchmesser. Die Avocadowürfel sofort mit Zitronensaft beträufeln, damit sie sich nicht verfärben, salzen und pfeffern und den entkeimten Knoblauch darüber pressen. Mischen Sie alles sorgfältig, ohne die Avocadowürfel zu zerdrücken. Mit Plastikfolie zudecken und beiseite stellen.

♥ Hacken Sie die Schalotte in kleine Würfel. Erwärmen Sie das Olivenöl und dämpfen Sie die Schalottenwürfel darin unter ständigem Rühren etwa 5 Minuten bei mässiger Hitze glasig. Fügen Sie den Reis bei und wenden Sie ihn darin, bis jedes Reiskorn glasig ist. Den Reis mit dem Weisswein ablöschen und die Flüssigkeit auf Sirupkonsistenz verdampfen lassen. Dann nach und nach die heisse Gemüsebouillon dazugiessen. Dabei rühren Sie ständig weiter. Wenn der Risotto nach etwa 18 Minuten al dente ist, mischen Sie den

Parmesan darunter. Behalten Sie 2 Esslöffel Avocadowürfel für die Garnitur zurück und mischen Sie den Rest zusammen mit dem halb geschlagenen Rahm vorsichtig unter den Risotto. Abschmecken. Geben Sie den Risotto in zwei vorgewärmte Suppenteller, garnieren Sie ihn mit den restlichen Avocadowürfeln und servieren Sie ihn sofort.

PS Wenn Sie diesem Risotto eine besonders festliche Note geben wollen, braten Sie kurz vor dem Servieren einige marinierte, geschälte Riesencrevetten 5 Minuten in der Bratpfanne gar, lassen Sie sie auf Küchenpapier abtropfen und arrangieren Sie die Crevetten auf dem angerichteten Risotto.

PPS Als Hauptspeise nehmen Sie 200 bis 250 g Reis und passen die übrigen Zutatenmengen entsprechend an.

Spargeln mit Sauce Hollandaise

Alte Liebe rostet nicht

1 kg dicke weisse Spargeln
Salz
1 Prise Zucker
10 g Butter

Sauce:
4 EL Ginsengtee (siehe Seite 130)
2 EL Weissweinessig
4 weisse Pfefferkörner
½ kleine Schalotte
1 Stengel Petersilie
2 sehr frische Eigelb
120 g kalte Butter
Salz, Pfeffer aus der Mühle, Zitronensaft

♥ Schälen Sie die Spargeln mit dem Sparschäler und schneiden Sie das untere, holzige Ende grosszügig weg. Die Spargeln kurz und gründlich waschen.

♥ Kochen Sie in einem weiten Topf mit Siebeinsatz wenig Wasser auf. Legen Sie die Spargeln auf den Siebeinsatz, streuen Sie ein wenig Salz und den Zucker darüber und ver-

teilen Sie die Butter in Flocken darauf. Decken Sie den Topf zu und garen Sie die Spargeln 25 bis 35 Minuten, je nach Dicke, bissfest. Eine Messerprobe wird Ihnen verraten, ob sie gar sind. Falls Sie unsicher sind, heben Sie eine längere Spargel vorsichtig heraus, schneiden vom unteren Ende ein Rädchen ab und probieren es. Wenn die Spargeln gar sind, heben Sie sie auf ein Gitter oder auf eine saubere Serviette und halten sie warm.

♥ Inzwischen geben Sie für die Sauce den Ginsengtee in einen Topf, kochen ihn auf und reduzieren ihn auf 2 Esslöffel. Den Weissweinessig, die grob zerstossenen Pfefferkörner, die Schalotte und die Petersilienstängel dazugeben und diese Flüssigkeit wiederum auf die Hälfte reduzieren. Sieben Sie den Inhalt in eine Schüssel, die Sie ins Wasserbad stellen können. Drücken Sie mit einem Löffel den Saft aus der Schalotte.

♥ Nun stellen Sie die Schüssel in ein sehr warmes, aber nicht kochendes Wasserbad. Unter ständigem Rühren mit dem Schwingbesen fügen Sie die Eigelbe hinzu und schlagen das Ganze schaumig. Dann die kalte Butter stückchenweise unter die Sauce schwingen und diese mit Salz, Pfeffer und wenn nötig wenig Zitronensaft abschmecken. Die Sauce im Wasserbad warm halten.

♥ Legen Sie die Spargeln auf zwei vorgewärmte Teller oder, wenn Sie es besonders romantisch mögen, auf eine ovale Platte für Sie und Ihren Schatz gemeinsam. Servieren Sie die Sauce Hollandaise sparat dazu.

PS Das ist zwar ein klassisches, aber ein unheimlich erotisches Gericht. Sie müssen sich eine Spargel nur mal anschauen! Denken Sie daran, mit welcher Kraft sie durch den Boden stösst, so dass man ihre Spitze sieht und sie stechen kann. Die Sauce Hollandaise ist die perfekte Begleiterin dazu: Eier geben Kraft, Butter Sanftheit.

PPS Essen Sie die Spargeln mit den Händen – es wird die Stimmung noch mehr elektrisieren ...

Spargeln mit Morcheln an Kerbelsauce mit Wachtelei

Frühlingsliebe

1 kg weisse Spargeln
Salz
1 Prise Zucker
10 g Butter

Kerbelsauce:
1/2 Schalotte
10 g Butter
20 ml trockener Sherry
100 ml Doppelrahm
Salz, Pfeffer, Tabasco
evtl. ein wenig Zitronensaft
1 Bund Kerbel

2 Wachteleier
50 g frische Morcheln
10 g Butter
1/2 Schalotte
Salz, Pfeffer

♥ Schälen Sie die Spargeln und schneiden Sie die holzigen Enden ab. Kochen Sie in einem weiten Topf mit Dämpfaufsatz wenig Wasser auf. Geben Sie die Spargeln auf den Dämpfaufsatz, bestreuen Sie sie mit Salz, dem Zucker und einigen Butterflocken und dämpfen Sie

sie 20 bis 35 Minuten weich. Das Spargelwasser in einen Messbecher giessen und die Spargeln warm halten, am besten in ein Küchentuch gerollt im 80 Grad warmen Ofen. Die Teller können Sie gleich mitwärmen.

♥ Für die Kerbelsauce hacken Sie die Schalotte. Zugleich können Sie auch die Schalotte für die Morcheln hacken, die Sie dann bis zur Verwendung zur Seite stellen. Zerlassen Sie die Butter in einer kleinen Sauteuse, geben Sie die Schalotte dazu und dünsten Sie diese etwa 5 Minuten bei mittlerer Hitze glasig. Löschen Sie mit dem Sherry ab, den Sie fast verdampfen lassen. Dann 150 ml Spargelwasser dazugeben, aufkochen und die Flüssigkeit auf die Hälfte reduzieren. Pürieren Sie die Sauce und kochen Sie sie wieder auf. Den Rahm dazugeben und die Sauce würzen. Bis hierher können Sie die Sauce vorbereiten. Zuletzt fügen Sie noch den fein gehackten Kerbel bei. Dann sollte die Sauce nicht mehr lange kochen oder stehen bleiben, da sich der Kerbel sonst verfärbt.

♥ Kochen Sie die Wachteleier zirka 3 Minuten wachsweich und stellen Sie sie beiseite.

♥ Waschen Sie die Morcheln kurz und gründlich. Darauf achten, dass der Sand aus den Fältchen gespült wird. Dünsten Sie zuerst die Schalotte in der Butter 2 Minuten an, dann geben Sie die Morcheln dazu und dünsten diese ebenfalls an. Salzen und pfeffern Sie das Ganze vorsichtig.

♥ Richten Sie die Spargeln auf den vorgewärmten Tellern an, überziehen Sie sie mit der Kerbelsauce, geben die Morcheln darüber und garnieren Sie die Teller mit den halbierten Wachteleiern.

Kürbiscremesuppe
Liebelei

500 g Kürbis
½ kleine Zwiebel
1 kleines Stück frischer Ingwer
1 EL Butter
3–4 EL trockener Sherry
300 ml Gemüsebouillon
1–2 TL Thai-Gewürzpaste (siehe Seite 146)
100 ml Rahm
1–2 TL Essig
Salz, Pfeffer, Tabasco

wenig geschlagener Rahm
2 EL Kürbiskerne
Kürbiskernöl
einige frische Korianderblätter, nach Belieben

♥ Schälen Sie den Kürbis und schneiden Sie ihn in Würfel. Hacken Sie die Zwiebel und reiben Sie den Ingwer (es sollte etwa 1 Teelöffel ergeben).

♥ Schmelzen Sie die Butter in einer Kasserolle und dünsten Sie darin bei mässiger Hitze die Zwiebel glasig. Geben Sie den Ingwer und die Kürbiswürfel dazu und dünsten Sie das Ganze etwa 5 Minuten weiter. Mit dem Sherry ablöschen und diesen verdampfen lassen. Dann giessen Sie die Bouillon dazu, setzen den Deckel auf und kochen den Kürbis weich. Wenn der Kürbis weich ist, geben Sie die Thai-Gewürzpaste dazu und pürieren die Suppe. Rühren Sie den Rahm darunter und würzen Sie die Suppe mit dem Essig sowie Salz, Pfeffer und Tabasco. Wenn nötig, noch ein wenig von der Gewürzpaste dazugeben.

♥ Kurz vor dem Servieren erwärmen Sie die Suppe nochmals und giessen sie in zwei Suppenschalen. Garnieren Sie die Suppe mit etwas geschlagenem Rahm, den Kürbiskernen, etwas Kürbiskernöl und nach Belieben mit Korianderblättern.

PS Kürbiskernöl ist eine österreichische Spezialiät aus der Steiermark. Wegen seiner dunklen Farbe eignet es sich gut zur Dekoration. Sie bekommen Kürbiskernöl im Reformhaus.

Selleriesüppchen
Pick-me-up

1 kleine Sellerieknolle (etwa 400 g)
etwas Zitronensaft
1 kleines Stück frischer Ingwer
½ kleine Zwiebel
1 EL Butter
¼ l Gemüsebouillon
100–150 ml Kokosnussmilch
½ EL Thai-Gewürzpaste (siehe Seite 146)
Salz, Pfeffer, Cayennepfeffer
einige grüne Pfefferkörner und Korianderblätter

♥ Schälen und würfeln Sie den Sellerie und beträufeln Sie ihn mit etwas Zitronensaft, damit er sich nicht verfärbt. Schälen Sie den Ingwer und schneiden Sie ihn in zwei Scheiben. Hacken Sie die Zwiebel fein.

♥ Erwärmen Sie die Butter und dünsten Sie die Zwiebel darin glasig. Dann geben Sie den Sellerie und den Ingwer dazu und dünsten alles 5 Minuten weiter, ohne Farbe annehmen zu lassen. Mit der Bouillon ablöschen und aufkochen lassen. Dann geben Sie die sämig gerührte Kokosnussmilch und die Gewürzpaste dazu und lassen alles leise köcheln, bis der Sellerie weich ist. Die Suppe mit dem Stabmixer fein pürieren und abschmecken. Falls sie zu dick ist, verdünnen Sie sie mit etwas Kokosnussmilch.

♥ Giessen Sie die Suppe in vorgewärmte Suppenschalen, garnieren Sie sie mit Korianderblättern und grünen Pfefferkörnern und servieren Sie sie sofort. Sie können die Suppe auch am Vortag zubereiten und einfach aufwärmen.

Kürbiscremesuppe

CHAMPAGNERSÜPPCHEN MIT SAFRAN UND TRÜFFEL

Scene stealer

½ Schalotte
2 Karotten
2 kleine, mehlige Kartoffeln
10 g frische Butter
200 ml Champagner
300 ml Gemüsebouillon
1 Briefchen Safranpulver
100 ml Rahm
Salz, Pfeffer
einige Safranfäden
hauchdünn geschnittener, schwarzer Trüffel

♥ Hacken Sie die Schalotte fein. Schälen Sie die Karotten und die Kartoffeln und schneiden Sie beides in kleinere Stücke.

♥ Dünsten Sie die Zwiebel in der Butter glasig. Geben Sie die Karotten und die Kartoffeln dazu und lassen Sie beides kurz mitdünsten. Mit dem Champagner ablöschen, aufkochen und die Flüssigkeit auf die Hälfte reduzieren. Fügen Sie die Gemüsebouillon bei, lassen Sie diese ebenfalls aufkochen und garen Sie darin das Gemüse weich. Die Flüssigkeit sollte auf etwa einen Drittel einkochen.

♥ Pürieren Sie die Suppe im Mixer sehr fein. Geben Sie das Safranpulver dazu und lösen Sie es darin auf. Zuletzt rühren Sie den Rahm darunter und schmecken die Suppe ab.

♥ Giessen Sie die Suppe in zwei vorgewärmte Suppentassen. Mit Safranfäden und der fein geschnittenen Trüffel garnieren und sofort servieren.

Champagnersüppchen mit Safran und Trüffel

PETERSILIENWURZELSUPPE

Feuer und Erde

300 g Petersilienwurzel
1 Schalotte
10 g Butter
50 ml Noilly Prat (trockener Wermut)
300 ml Gemüsebouillon
150 ml Rahm
1 EL Thai-Gewürzpaste (siehe Seite 146)
Salz, Pfeffer aus der Mühle
einige Tropfen Essig oder Zitronensaft
1 Bund Petersilie

♥ Bürsten Sie die Petersilienwurzel unter fliessendem Wasser. Schälen Sie sie und schneiden Sie sie in Würfel. Hacken Sie die Schalotte.

♥ Erhitzen Sie die Butter in einem Topf und dünsten Sie die Schalotte darin glasig. Geben Sie die Petersilienwurzel dazu und dünsten

Sie diese einige Minuten unter ständigem Rühren mit. Löschen Sie sie mit dem Noilly Prat ab und lassen Sie diesen verdampfen. Die Gemüsebouillon und den Rahm dazugiessen und das Gemüse zugedeckt weich kochen.

♥ Pürieren Sie die Suppe und giessen Sie sie dann durch ein feines Sieb, dabei das Gemüse gut ausdrücken. Schmecken Sie die Suppe mit Salz, Pfeffer und dem Essig oder Zitronensaft ab. Hacken Sie die Petersilie.

♥ Vor dem Servieren erhitzen Sie die Suppe nochmals, richten sie dann in zwei vorgewärmten Suppenschalen an und bestreuen sie mit der fein gehackten Petersilie.

PS Petersilie ist ein klassisches Aphrodisiakum. Bereits die Blätter sind wirksam, doch die meiste Kraft steckt in der Wurzel.

PPS Petersilienwurzel gibt es im Winter auf dem Markt bei Anbietern von biologischem Gemüse oder bei ausgewählten Gemüsehändlern. Fragen Sie, bis sie fündig werden!

SINNLICHKEIT: DEN EINDRUCK EINES AUGENBLICKES AUF SICH WIRKEN ZU LASSEN. DAS GEFÜHL EINER BERÜHRUNG ZU ERFAHREN VERSUCHEN. DEN GESCHMACK ODER DEN GERUCH FÜHLEN WOLLEN. EIN BEWUSST EMPFUNDENER MOMENT.

Salome, 25 Jahre, Studentin

Petersilienwurzelsuppe

Meeressuppe mit Trüffel

Venus im Glück

1 fingerlanges Stück Lauch
2 EL Gemüsefond oder -bouillon
6 Langustinenschwänze, ungeschält
4 frische Jakobsmuscheln
4 frische Austern mit der Flüssigkeit
100 ml Fischfond
150 ml legierte Fischsauce (siehe Seite 145)
1/2 Bund Kerbel
Salz, Pfeffer aus der Mühle, Zitronensaft
1 kleine Trüffel

♥ Schneiden Sie den Lauch der Länge nach entzwei, waschen und trocknen Sie ihn sorgfältig und schneiden Sie ihn dann der Länge nach in hauchdünne Streifchen. In einem kleinen Topf den Gemüsefond oder die -bouillon aufkochen, die Lauchstreifen hineingeben und darin knapp unter dem Siedepunkt ziehen lassen, bis sie al dente, also zart und dennoch fest sind. Schrecken Sie sie in kaltem Wasser ab und behalten Sie den Fond zurück.

♥ Bringen Sie in einem grossen Topf reichlich Wasser zum Kochen und blanchieren Sie die Langustinenschwänze darin etwa 10 Sekunden. Giessen Sie sie ab und lassen Sie sie auskühlen. Dann lösen Sie das Fleisch aus dem Panzer.

♥ Schneiden Sie die Jakobsmuscheln in dünne Scheiben.

♥ Öffnen Sie die Austern mit einem scharfen Messer oder einem Austernbrecher, lösen Sie das Fleisch vorsichtig von der Schale und giessen Sie die Austernflüssigkeit durch ein mit einem Mundtüchlein ausgekleidetes Sieb in einen Topf. Geben Sie den Fischfond und die legierte Fischsauce dazu.

♥ Kochen Sie die Suppe auf. Hacken Sie die Hälfte des Kerbels fein und fügen Sie ihn hinzu. Schmecken Sie die Suppe mit Salz, Pfeffer und Zitronensaft ab. Schalten Sie den Herd aus und pochieren Sie in der Suppe unter dem Siedepunkt die Jakobsmuscheln, die Langustinenschwänze und die Austern etwa 1 Minute. Verteilen Sie die Meeresfrüchte gleichmässig in zwei vorgewärmte Suppenteller und giessen Sie die heisse Suppe darüber. Streuen Sie die Lauchstreifen darüber, hobeln Sie die Trüffel über die Suppe und garnieren Sie die Teller mit einigen Kerbelblättchen.

PS Sehen Sie den Sandstrand? Hören Sie die Wogen des Meeres? Mit nackten Füssen im Sand spazieren gehen, zwei Wochen lang keine Termine, ein Buch lesen und mein Herzblatt ist bei mir!

Senfsuppe mit pochiertem Ei

Versteckspiel

1 kleine Zwiebel
150 g mehlige Kartoffeln
10 g Butter
2 EL Noilly Prat (trockener Wermut)
$^1/_4$ l Gemüsefond oder -bouillon
$^1/_4$ l Rahm
1–2 EL grobkörniger Senf
Salz, weisser Pfeffer aus der Mühle, einige Tropfen Zitronensaft

1 TL Olivenöl
$^1/_2$ TL schwarze Senfkörner
2 ganz frische Eier
etwas Essig
einige Thymianblättchen

♥ Hacken Sie die Zwiebel in kleine Würfel. Schälen Sie die Kartoffeln und schneiden Sie sie in feine Scheiben.

♥ Lassen Sie die Butter in einem Topf bei mittlerer Hitze aufschäumen und dünsten Sie darin die Zwiebel glasig. Geben Sie die Kartoffelscheiben hinzu und dünsten Sie alles einige Minuten weiter. Mit dem Noilly Prat ablöschen und die Flüssigkeit verdampfen lassen. Giessen Sie den Gemüsefond oder die -bouillon und den Rahm dazu, kochen Sie die Suppe auf und lassen Sie sie zugedeckt 10 Minuten köcheln. Dann pürieren Sie die Suppe gründlich und giessen sie durch ein Sieb. Dabei das Gemüse gut auspressen. Geben Sie den Senf dazu und schmecken Sie die Suppe ab.

♥ Erhitzen Sie in einer kleinen Bratpfanne das Olivenöl und braten Sie darin die Senfkörner, bis sie zu hüpfen beginnen. Sofort aus der Pfanne nehmen und beiseite stellen.

♥ Bringen Sie in einem Topf reichlich Wasser zum Kochen und fügen Sie pro Liter Wasser 3 Esslöffel Essig hinzu. Schlagen Sie die rohen Eier separat in zwei Tassen auf und lassen Sie sie ins Essigwasser gleiten. Pochieren Sie die Eier $3^1/_2$ bis 4 Minuten knapp unter dem Siedepunkt (90 Grad). Das Eiweiss sollte weiss und gekocht, das Eigelb noch flüssig sein. Heben Sie die Eier mit einem Schaumlöffel aus dem Wasser, lassen Sie sie gut abtropfen und geben Sie sie vorsichtig in zwei vorgewärmte Suppenschalen. Giessen Sie die Senfsuppe darüber und garnieren Sie sie mit Thymianblättchen und den Senfkörnern.

THAI-KOKOSNUSSSUPPE MIT RIESENCREVETTEN

Würziges Abenteuer

6–10 Riesencrevetten, roh und ungeschält
1 Stängel Zitronengras
1 kleine Galgantwurzel, nach Belieben
1/2 Bund Koriandergrün, wenn möglich aus dem Thai-Laden (mit der Wurzel)
1 unbehandelte Limone
1 Knoblauchzehe
1 Schalotte
1/2 rote Chilischote
1 EL Erdnussöl
400 ml Fischfond
2 Kaffirlimettenblätter
200 ml Kokosnussmilch, ungesüsst
1 EL Nam pla (Fischsauce)
Salz, weisser Pfeffer aus der Mühle
60 g Champignons
1–2 Tropfen Ingweressenz
1–2 TL Thai-Gewürzpaste (siehe Seite 146), nach Belieben
Chiliöl oder 1/2 rote Chilischote

♥ Kochen Sie in einem genügend grossen Topf Wasser auf. Die Riesencrevetten hineingeben und 10 Sekunden blanchieren. Herausheben und leicht abkühlen lassen. Lösen Sie das Fleisch aus der Schale und stellen Sie beides zur Seite.

♥ Schneiden Sie die trockene Spitze vom Zitronengras ab und schälen Sie die äusseren Schichten ab, bis Sie zum zarten Kern kommen. Schneiden Sie das Innere in feine Scheibchen und stellen Sie beides zur Seite. Zerquetschen Sie die Galgantwurzel im Mörser oder mit dem Stiel eines Küchenmessers, so dass sich das Aroma entfalten kann. Zupfen Sie die Korianderblätter von den Stängeln und stellen Sie beides zur Seite. Schneiden Sie nur gerade das Grün von der Limone ab und pressen Sie die Limone aus. Hacken Sie den Knoblauch, nachdem Sie den Keimling entfernt haben, und hacken Sie auch die Schalotte. Halbieren Sie die Chilischote, entkernen Sie sie und schneiden Sie sie in feine Streifen.

♥ Erhitzen Sie in einem Suppentopf das Öl. Braten Sie die Crevettenschalen 2 bis 3 Minuten an. Geben Sie den Knoblauch dazu und braten Sie ihn 15 Sekunden, bevor Sie die Schalotte, die Galgantwurzel, die abgeschälten Teile des Zitronengrases und den Chili zufügen. Das Ganze etwa 2 Minuten rühren. Dann den Fischfond oder das Wasser hinzugiessen und die Suppe aufkochen. Geben Sie die Korianderstängel, die Limonenschalen und die mit der Hand etwas zerdrückten Kaffirlimettenblätter bei, decken Sie den Topf zu und lassen Sie die Suppe 1 Stunde köcheln.

♥ Giessen Sie die Suppe durch ein feines Sieb in einen sauberen Topf. Rühren Sie die Kokosnussmilch darunter und schmecken Sie die Suppe mit Nam pla, Salz, Pfeffer, dem Limonensaft und eventuell etwas Zucker ab. So weit kann die Suppe vorbereitet werden.

♥ Kurz vor dem Servieren schneiden Sie die Champignons in feine Scheiben. Hacken Sie die Korianderblätter, ohne dass sie matschig werden. Beides zusammen mit dem klein geschnittenen Zitronengras, dem Ingweröl und nach Belieben etwas Thai-Gewürzpaste zur Suppe geben und alles nochmals 2 Minuten köcheln lassen. Schalten Sie den Herd ab, geben Sie die Riesencrevetten dazu und lassen Sie sie 1 Minute durchziehen. Richten Sie die Suppe in zwei vorgewärmten Suppentellern an, streuen Sie die gehackten Korianderblätter darüber und beträufeln Sie sie dekorativ mit einer winzigen Menge Chiliöl.

Zwiebelsuppe mit Knoblauchbrot

True love

1 kleine Tomate
250 g Zwiebeln
1 EL Butter
1 TL Tomatenpüree
2 EL Noilly Prat
2 EL Weisswein
300 ml Gemüse- oder Fleischbouillon
1/2 Lorbeerblatt
1 Thymianzweiglein
1 TL Cognac
1 Tropfen Thymianessenz
Salz, Pfeffer aus der Mühle
einige Tropfen Zitronensaft

Knoblauchbrot:
1/2 EL Butter
1/2 Knoblauchzehe
2 Scheiben Pariserbrot
frisch geriebener Parmesan

♥ Schälen, vierteln und entkernen Sie die Tomate und schneiden Sie sie in kleine Würfel. Schneiden Sie die Zwiebeln in feine Ringe.

♥ Erwärmen Sie einen Topf und schäumen Sie darin die Butter auf. Sautieren Sie die Zwiebelringe unter ständigem Wenden goldgelb. Geben Sie das Tomatenpüree dazu und dünsten Sie es mit, bis es dunkelrot, ja schon eine Spur, aber bitte nur eine Spur, angebrannt ist. Dies verleiht der Suppe (und natürlich auch anderen Gerichten) ein besonders gehaltvolles Aroma. Mischen Sie die fein gewürfelte Tomate darunter und dünsten Sie alles nochmals gut durch. Die Suppe mit dem Noilly Prat ablöschen und diesen verdunsten lassen. Geben Sie den Weisswein, die Bouillon, das Lorbeerblatt und den Thymian dazu und kochen Sie die Suppe auf. Lassen Sie die Suppe zugedeckt 30 bis 40 Minuten vor sich hin köcheln.

♥ Inzwischen bereiten Sie das Knoblauchbrot zu. Rühren Sie die Butter schaumig und pressen Sie den Knoblauch dazu, nachdem Sie den Keimling entfernt haben. Salzen Sie die Butter nach Ihrem Geschmack. Den Ofen auf 240 Grad Oberhitze vorheizen und die Brotscheiben auf einer Seite goldbraun toasten.

♥ Wenn die Suppe fertig gekocht ist, entfernen Sie das Lorbeerblatt und den Thymianzweig und schmecken sie mit Cognac, Thymianessenz, Salz, Pfeffer und eventuell Zitronensaft pikant ab. Warm halten.

♥ Bestreichen Sie die ungebräunte Seite der Brotscheiben mit der Knoblauchbutter und schieben Sie sie in den Ofen, bis die Butter geschmolzen ist. Streuen Sie Parmesan darüber und backen Sie die Brotscheiben kurz knusprig.

♥ Die Suppe in zwei vorgewärmten Suppenschalen mit dem Knoblauchbrot darauf oder daneben servieren.

GULASCHSUPPE

Karins Hochzeitssuppe

300 g mageres Rindfleisch
1 Tomate
1 Zwiebel
1 kleine Karotte
1 kleines Stück Sellerie
1 kleines Stück Lauch
1 Kartoffel
1 EL Olivenöl
1 TL Butter
1 TL gemahlener Kreuzkümmel
1 TL gemahlener Koriander
1 TL Paprikapulver
1 EL Tomatenpüree
1 Knoblauchzehe
Zeste von 1 Zitrone
1 Majoranzweiglein
100 ml Rotwein
400 ml Rindsbouillon
je ½ rote, gelbe und grüne Peperoni (Paprika)
Salz, Pfeffer aus der Mühle, Cayennepfeffer
½–1 TL Garam-Masala
2–4 EL Sauerrahm (Crème fraîche)
nach Belieben Knoblauchcroûtons (siehe Seite 68)

♥ Schneiden Sie das Rindfleisch in kleine Würfel von etwa ½ x ½ cm oder bitten Sie Ihren Metzger darum.

♥ Schälen, vierteln und entkernen Sie die Tomate und schneiden Sie sie in Würfel. Ebenso schneiden Sie Zwiebel, Karotte, Sellerie, Lauch und die Kartoffel in kleine Würfel.

♥ Erhitzen Sie in einem Schmortopf bei guter Hitze das Olivenöl und die Butter. Braten Sie die Rindfleischwürfel darin portionenweise kräftig an. Nehmen Sie das Fleisch aus dem Topf und reduzieren Sie die Hitze. Falls nötig, geben Sie noch ein wenig Öl in den Topf.

♥ Dünsten Sie die Zwiebel darin etwa 5 Minuten glasig. Geben Sie den Kreuzkümmel, den Koriander und Paprika hinzu und rösten Sie die Gewürze kurz, bis sich ihr Aroma entfaltet. Nun kommen sämtliche Gemüse ausser der Kartoffel dazu und werden unter ständigem Rühren etwa 5 Minuten gedünstet. Das Tomatenpüree hinzugeben und weiterrühren, bis es eine dunklere Farbe angenommen hat. Den entkeimten Knoblauch dazupressen. Schliesslich geben Sie die Tomaten- und Kartoffelwürfel, die Zitronenzeste, das Majoranzweiglein, den Rotwein, die Bouillon und die angebratenen Fleischwürfel mitsamt dem Saft, der sich gebildet hat, in den Topf, bringen alles zum Kochen und würzen, falls nötig, nochmals nach. Lassen Sie die Gulaschsuppe auf dem Herd oder im 170 Grad heissen Ofen zugedeckt 1½ bis 2 Stunden schmoren, bis das Fleisch zart ist. Die Suppe hin und wieder umrühren und, falls nötig, Flüssigkeit nachgiessen.

♥ Inzwischen heizen Sie den Ofen auf 250 Grad vor. (Falls Sie die Suppe im Ofen schmoren lassen, müssen Sie die folgenden Arbeitsschritte im Voraus erledigen.) Vierteln Sie die Peperoni und entfernen Sie sämtliche Kerne und weissen Häutchen. Legen Sie die Peperoniviertel auf ein mit Backpapier belegtes Blech und schieben Sie sie für 10 bis 15 Minuten in den heissen Ofen. Das Blech herausnehmen und die Peperoni mit einem feuchten Küchentuch bedecken. Wenn die Peperoni abgekühlt sind, ziehen Sie die Haut mit einem scharfen Messer ab. Die

DER DUFT VON EINEM FRISCH GEDRUCKTEN BUCH ODER HOCHGLANZMAGAZIN. SINNLICHKEIT? KINDHEITSERINNERUNG? GEBORGENHEIT!

Patrizia Bischofberger, 65 Jahre, Geschäftsführerin

Peperoni in gleichmässige Würfel von $1/2$ cm Seitenlänge schneiden und etwa 10 Minuten vor dem Ende der Kochzeit zur Suppe geben.

♥ Wenn das Fleisch gar ist, reduzieren oder ergänzen Sie, falls nötig, die Flüssigkeit zur gewünschten Konsistenz. Schmecken Sie die Suppe pikant ab.

♥ Servieren Sie den Sauerrahm und nach Belieben Knoblauch-croûtons separat zur Suppe.

PS Diese währschafte und wärmende Suppe ist eher als ganze Mahlzeit denn als Vorspeise gedacht.

PPS Garam-Masala ist eine indische Gewürzmischung, die vielen Gerichten das gewisse Etwas verleiht. Sie finden Garam-Masala in der Asienabteilung im Supermarkt oder im Indienladen.

Seezungenröllchen mit Safransauce, Rezept Seite 75

FISCH UND MEERESFRÜCHTE

Gedämpfte Steinbuttfilets mit roter Peperonisauce

Mister Slick

2 rote Peperoni (Paprika)
½ Schalotte
2 TL Olivenöl
1 TL Butter
3 Zweiglein Thymian
½ Knoblauchzehe
100 ml Fischfond
1 TL Weissweinessig
1 TL Himbeeressig
100 ml Doppelrahm
Salz, Pfeffer aus der Mühle, Cayennepfeffer

400 g Steinbuttfilets
Salz, weisser Pfeffer aus der Mühle
100–200 ml Fischfond zum Dämpfen

♥ Halbieren Sie die Peperoni und entfernen Sie die Kerne und weissen Häutchen. Schneiden Sie die Peperoni in Würfel. Hacken Sie die Schalotte.

♥ Wärmen Sie in einem Topf das Olivenöl und die Butter bei mittlerer Hitze. Dünsten Sie darin die Schalotte glasig. Geben Sie die Peperoniwürfel und zugleich ein Thymianzweiglein dazu und dünsten Sie alles zugedeckt weich. Die beiden anderen Thymianzweige legen Sie für die Garnitur beiseite. Rühren Sie hin und wieder im Topf. Pressen Sie den entkeimten Knoblauch zu den gedünsteten Peperoni. Giessen Sie den Fischfond hinzu und kochen Sie ihn auf. Reduzieren Sie die Flüssigkeit um die Hälfte. Pürieren Sie alles sehr fein und streichen Sie die Sauce durch ein feines Sieb.

♥ Geben Sie die beiden Essige dazu und kochen Sie die Sauce auf. Nun kommt der Doppelrahm hinein, dabei rühren Sie gut um und kochen die Sauce, bis sie sämig ist. Schmecken Sie sie ab.

♥ Bebuttern Sie ein Dämpfkörbchen, das in einem weiten Topf oder einer Bratpfanne Platz hat. Zum Dämpfen giessen Sie so viel Fischfond in den Topf oder die Pfanne, wie keine Flüssigkeit durchs Dämpfkörbchen dringt. Bringen Sie den Fischfond zum Sieden. Salzen und pfeffern Sie die Fischfilets schwach und legen Sie sie ins Dämpfkörbchen und dieses in den Topf. Setzen Sie einen gut verschliessbaren Deckel darauf. Reduzieren Sie die Hitze und dämpfen Sie die Filets, ohne zu wenden, unter dem Siedepunkt in 2 bis 3 Minuten gar. Kurz vor dem Servieren giessen Sie die heisse Sauce auf 2 vorgewärmte Teller, legen die gedämpften Steinbuttfilets darauf, garnieren die Teller mit einem Thymianzweiglein und servieren das Gericht sofort.

♥ Couscous (siehe Seite 87) ist eine originelle Beilage.

PS Steinbutt ist ein exquisiter, aber auch teurer Fisch. Sie können ihn durch Zander ersetzen. Je nach Dicke des Fisches verlängert sich die Garzeit auf 5 bis 7 Minuten.

PPS Es ist wichtig, dass Sie die Sauce durch ein feines Sieb streichen, denn Peperonischale löst sich weder durchs Kochen noch durchs Pürieren auf und ist demnach störend in der Sauce.

Seezunge im Reispapier mit Koriandersabayon

Fanning the flames

1 Tomate
1 kleines Stück frischer Ingwer
1/2 Bund Koriandergrün
4 Reisblätter
2 schöne Seezungenfilets ohne Haut
Salz, weisser Pfeffer aus der Mühle
wenig Zitronensaft
einige ganze Koriandersamen
10 g Butter zum Bepinseln

Koriandersabayon:
200 ml legierte Fischsauce (siehe Seite 145)
1/2 Bund Koriandergrün
2 frische Eigelb
2 EL Butter
2 EL Doppelrahm
2 Tropfen Korianderessenz
Salz, weisser Pfeffer aus der Mühle, Cayennepfeffer

♥ Schälen, vierteln und entkernen Sie die Tomate und stechen Sie aus dem Fleisch hübsche Formen aus.

♥ Schneiden Sie den Ingwer in kleinste Würfel. Zupfen Sie die Blätter von den Korianderzweigen, waschen Sie sie und trocknen Sie sie sorgfältig ab. Tauchen Sie die Reisblätter in lauwarmes Wasser, bis sie weich sind, und legen Sie sie auf einem feuchten Küchentuch bereit.

♥ Waschen Sie die Seezungenfilets unter fliessendem Wasser und tupfen Sie sie mit Küchenpapier trocken. Salzen und pfeffern Sie die Filets auf beiden Seiten und beträufeln Sie sie mit Zitronensaft. Mahlen Sie ein wenig Koriandersamen über die Filets. Belegen Sie die Reisblätter in der Grösse der Fischfilets mit Korianderblättern, Ingwerwürfelchen und Tomatenstückchen. Legen Sie die Fischfilets darauf und belegen Sie diese mit den restlichen Korianderblättern, Tomatenstückchen und Ingwer. Packen Sie die Fischfilets gut in die Reisblätter ein. Falls sie schon zu trocken geworden sind, bepinseln Sie sie mit lauwarmem Wasser, damit sie wieder geschmeidig werden. Die Fischpäckchen auf einem Teller in den Kühlschrank legen.

♥ Für den Koriandersabayon geben Sie die Fischsauce in eine kleine Saucenpfanne und reduzieren Sie sie auf die Hälfte. Stellen Sie sie beiseite. Legen Sie einige Zweiglein vom Koriandergrün für die Garnitur beiseite und hacken Sie den Rest.

♥ Heizen Sie den Ofen auf 200 Grad vor und nehmen Sie die Fischpäckchen aus dem Kühlschrank.

♥ Kochen Sie in einem genügend grossen Topf Wasser für das Wasserbad auf und setzen Sie eine passende Schüssel darüber. Schlagen Sie darin mit einem Schwingbesen die Eigelbe mit ein paar Tropfen Wasser auf. Geben Sie stückchenweise die kalte Butter hinzu und schlagen Sie dabei ununterbrochen weiter.

Sobald die Eimasse dicklich und luftig geworden ist, nehmen Sie die Schüssel vom Wasserbad und kühlen den Sabayon leicht ab. Unterdessen den Doppelrahm schaumig schlagen. Mischen Sie die Eimasse mit dem Doppelrahm, dem gehackten Koriandergrün und der Korianderessenz unter die Fischsauce und schmecken Sie den Sabayon ab. Sie können den Sabayon über dem handwarmen Wasserbad bis zu 30 Minuten warm halten. Hin und wieder aufrühren.

♥ Schmelzen Sie die Butter zum Bepinseln bei milder Hitze in einem kleinen Topf oder in der Mikrowelle. Bepinseln Sie die Fischpäckchen mit der flüssigen Butter und backen Sie sie im vorgeheizten Ofen 10 bis 12 Minuten golden und knusprig.

♥ Nehmen Sie die Fischpäckchen aus dem Ofen und richten Sie sie auf zwei vorgewärmten Tellern an. Garnieren Sie die Teller nach Belieben mit Korianderzweigen und servieren den Koriandersabayon separat dazu. Einfache neue Kartoffeln begleiten das Gericht hervorragend.

PS Wenn Sie die legierte Fischsauce bereits vorbereitet im Tiefkühlfach haben, ist schon ein Stück Arbeit erledigt. Wenn Sie sie aber frisch zubereiten müssen, denken Sie daran und machen die doppelte oder dreifache Menge und gefrieren Sie sie ein.

PPS Zum Mahlen der Koriandersamen habe ich eine gewöhnliche, kleine Pfeffermühle mit Koriander gefüllt und kann so die verschiedensten Gerichte mit Koriander parfümieren. Sie können aber auch einige Körner in einen kleinen Plastiksack geben und sie mit einem Messerstiel zerstossen.

PPPS Übrigens: Die Zubereitung eines Sabayons ist keine Hexerei, sie braucht lediglich ein bisschen Konzentration. Machen Sie doch vor dem «grossen Tag» ein Probekochen und -essen mit Ihrer besten Feundin oder Ihrem besten Kollegen. Dabei können Sie üben, die schwierigeren Hürden zu überwinden, und ausserdem wird es ganz bestimmt ein lustiger Abend. Falls ich Sie immer noch nicht überzeugen konnte oder wenn Sie unter chronischem Zeitmangel leiden, könnten Sie zur Not eine einfache Mayonnaise herstellen oder als allerletzte Notlösung eine gute Mayonnaise kaufen und diese mit Koriandergrün und -essenz parfümieren und zum Fisch servieren.

Seezungenröllchen mit Safransauce

French kiss

4 Seezungenfilets
50 g Lachs royale (Mittelstück)
12 schöne Basilikumblätter
Salz, Pfeffer aus der Mühle

Sauce:
1 kleine Schalotte
10 g Butter
2 EL Noilly Prat (trockener Wermut)
3–4 EL trockener Weisswein
100 ml Doppelrahm
1/2 Briefchen Safran oder einige Safranfäden, in 1 EL Weisswein aufgelöst
Salz, Pfeffer aus der Mühle
Cayennepfeffer, einige Tropfen Zitronensaft

200 ml Fischfond
100 ml Weisswein
1 Stückchen dünn abgeschälte Zitronenschale
10 Safranfäden und einige Basilikumblätter als Garnitur

♥ Klopfen Sie die Seezungenfilets zwischen zwei Klarsichtfolien ein wenig flach. Schneiden Sie den Lachs in 4 Tranchen. Die Filets auf der Hautseite und den Lachs leicht mit Salz und Pfeffer würzen. Belegen Sie die Seezungenfilets mit den Basilikumblättern. Legen Sie den Lachs darauf und rollen Sie die Filets auf. Mit einem Zahnstocher befestigen und die Röllchen kühl stellen.

♥ Für die Sauce schneiden Sie die Schalotte in kleine Würfel. Wärmen Sie die Butter in einem kleinen Topf und dünsten Sie die Schalotte darin glasig. Löschen Sie mit dem Noilly Prat ab, erhöhen Sie die Hitze und kochen Sie die Flüssigkeit fast vollständig ein. Dann giessen Sie den Weisswein dazu und reduzieren die Flüssigkeit auf die Hälfte. Giessen Sie die Sauce durch ein feines Sieb in eine saubere Sauteuse und drücken Sie dabei die Schalotte mit dem Rücken eines Löffels aus. Bis hierher lässt sich die Sauce vorbereiten.

♥ Heizen Sie den Backofen auf 60 Grad vor und wärmen Sie zwei Teller und eine Platte für die Fischröllchen mit.

♥ Zum Pochieren wählen Sie eine Kasserolle, in der die Fischröllchen gerade nebeneinander Platz haben. Bringen Sie den Fischfond und den Weisswein mit der Zitronenschale zum Kochen. Reduzieren Sie die Hitze, stellen Sie die Fischröllchen in den Fond und lassen Sie sie 4 bis 6 Minuten zugedeckt unter dem Siedepunkt gar ziehen. Heben Sie die Röllchen heraus und halten Sie sie im Ofen warm. Reduzieren Sie die Pochierflüssigkeit auf 100 ml und sieben Sie sie durch ein feines Sieb in die vorbereitete Sauce. Geben Sie den Rahm und den Safran bei und köcheln Sie die Sauce so lange, bis sie die richtige Konsistenz hat. Schmecken Sie die Safransauce ab.

♥ Giessen Sie die Sauce auf die vorgewärmten Teller, setzen Sie die Seezungenröllchen darauf und garnieren Sie alles mit den Safranfäden und mit Basilikumblättern.

PS Die Fischröllchen können Sie schon einen halben Tag im Voraus zubereiten. In diesem Fall würzen Sie die Röllchen aber erst kurz vor dem Pochieren. Auch die Sauce lässt sich vorbereiten und wieder erwärmen.

PPS Vielleicht haben Sie Glück, und Ihr Fischhändler verkauft schon fertig geformte Seezungenröllchen.

Seeteufelmedaillons in Kokosnusssauce

Out of control

400 g Seeteufelmedaillons von 1–1½ cm Dicke
½ TL Kurkuma, weisser Pfeffer aus der Mühle,
Zitronensaft

1 Zwiebel
1 Knoblauch
2 TL Ingwer
1 EL Butter
5 Curryblätter, nach Belieben
3 cm Zimtrinde
2 Kaffirlimettenblätter
1 Stängel Zitronengras
400 ml ungesüsste Kokosnussmilch
1–2 EL Thai-Gewürzpaste (siehe Seite 146)
Zitronensaft
Salz, weisser Pfeffer aus der Mühle

1 EL Olivenöl
1 TL Butter

♥ Mischen Sie Kurkuma, Pfeffer und Zitronensaft und marinieren Sie damit die Seeteufelmedaillons.

♥ Hacken Sie die Zwiebel sehr fein, pressen Sie den Knoblauch und schneiden Sie den Ingwer in kleinste Würfelchen. Schäumen Sie die Butter in einem kleinen Topf auf und dünsten Sie die Zwiebel, den Knoblauch und Ingwer bei mittlerer Hitze. Nach etwa 4 Minuten die Curryblätter, die Zimtrinde, die Kaffirlimettenblätter und das Zitronengras hinzufügen (das Zitronengras zerquetschen Sie zuvor etwas mit einem Messergriff, damit sich das Aroma entfalten kann) und die Mischung einige Minuten weiterdünsten. Giessen Sie die Kokosnussmilch dazu, bringen Sie sie zum Kochen, fügen Sie die Thai-Gewürzpaste (nicht zu viel; wenn nötig können Sie später noch nachwürzen) und nur so viel Kurkuma hinzu, bis die Farbe ein schönes Gelb ist. Alles zugedeckt auf niedriger Hitze köcheln lassen, bis eine sämige Sauce entstanden ist und die Zwiebeln sehr weich sind. Schmecken Sie die Sauce nach Geschmack mit mehr Thai-Gewürzpaste, Salz, Pfeffer und Zitronensaft ab. Lassen Sie die Würzzutaten in der Sauce, sie werden zwar nicht mitgegessen, sehen jedoch dekorativ aus.

♥ Nehmen Sie den Fisch aus der Marinade und tupfen Sie ihn trocken. Mit Salz und Pfeffer würzen. Erhitzen Sie das Olivenöl und die Butter in einer beschichteten Bratpfanne und braten Sie die Medaillons bei mittlerer Hitze goldgelb. Erhitzen Sie die Kokosnusssauce nochmals kurz, giessen Sie sie auf vorgewärmte Teller und legen Sie die Seeteufelmedaillons darauf. Servieren Sie das Gericht mit Reis und einem grünen oder roten Gemüsecurry.

PS Wenn Sie die kräftige Mittelgräte des Fisches auf dem Teller stört, entfernen Sie sie vor dem Marinieren.

LINGUINE MIT ARTISCHOCKENSAUCE UND RAUCHLACHS

Ich hab Dich zum Vernudeln gern

Sauce:
100 ml Kalmuswurzeltee (siehe Seite 131)
2 EL Noilly Prat (trockener Wermut)
200 ml Saucenrahm
1 TL Zitronensaft
wenig abgeriebene Zitronenschale
5 Artischockenherzen, frisch oder aus der Dose
1 Bund Schnittlauch
1–2 EL frisch geriebener Parmesan
Salz, weisser Pfeffer aus der Mühle

200 g Linguine
100 g Rauchlachs
10 g Butter

♥ Geben Sie den Kalmustee in einen kleinen Topf, kochen Sie ihn auf und reduzieren Sie ihn auf die Hälfte. Fügen Sie den Noilly Prat, den Rahm, den Zitronensaft und die Zitronenschale bei, bringen Sie alles zum Kochen und lassen sie es auf niedriger Stufe ganz leise vor sich hin köcheln, bis eine sämige Sauce entstanden ist.

♥ Schneiden Sie die Artischockenherzen in kleine Würfel und geben Sie sie zur Sauce. Schneiden Sie den Schnittlauch in feine Röllchen. Stellen Sie 2 Teelöffel davon für die Garnitur beiseite und mischen Sie den restlichen Schnittlauch zusammen mit dem Parmesan unter die Artischockensauce. Schmecken Sie die Sauce mit Salz und Pfeffer ab.

♥ Kochen Sie die Linguine in genügend Salzwasser al dente. Unterdessen schneiden Sie den Rauchlachs in Streifen.

♥ Giessen Sie die Teigwaren ab, lassen Sie sie abtropfen und geben Sie die Butter dazu.

♥ Richten Sie die Teigwaren in zwei tiefen, vorgewärmten Tellern an. Giessen Sie die Artischockensauce darüber, garnieren Sie die Teller mit dem Rauchlachs und dem beiseite gestellten Schnittlauch und geniessen Sie das herrliche Gericht sofort.

PS Wenn Sie es ganz italienisch mögen, mischen Sie die Sauce mit den Linguine, bevor Sie sie anrichten.

SINNLICHKEIT – MIT ALLEN SINNEN DAS LEBEN UMFASSEN.

Frederica Hasenfratz-Kessler, 46 Jahre, Psychologin

Lachsfilet mit Basilikumsauce

Wogen der Venus

Sauce:
1 kleine Schalotte
10 g Butter
2 EL Noilly Prat (trockener Wermut)
100 ml Fischfond
3 EL Fo-ti-tieng-Tee (siehe Seite 130)
150 ml Doppelrahm
10 makellose Basilikumblätter
1 Tropfen Basilikumessenz
1 Tropfen Zitronenessenz
10 g Butter
Salz, weisser Pfeffer aus der Mühle, Cayennepfeffer
einige Tropfen Zitronensaft

2 frische Lachsfilets aus dem Mittelstück
Salz, weisser Pfeffer aus der Mühle
wenig Zitronensaft
1 TL Olivenöl
1 TL Butter
2 Basilikumzweiglein für die Garnitur

♥ Hacken Sie die Schalotte in feine Würfel und dünsten Sie sie in der Butter bei mässiger Hitze glasig. Mit dem Noilly Prat ablöschen und die Flüssigkeit fast vollständig verdampfen lassen. Geben Sie den Fischfond und den Fo-ti-tieng-Tee dazu und kochen Sie das Ganze auf die Hälfte ein. Passieren Sie die Sauce durch ein feines Sieb in eine saubere Sauteuse; dabei die Schalotten gut ausdrücken. Fügen Sie den Rahm bei, kochen Sie die Sauce nochmals auf und lassen Sie sie weiterköcheln, bis sie dicklich ist.

♥ Wärmen Sie zwei Teller vor. Schneiden Sie den Basilikum in feine Streifen.

♥ Kurz vor dem Servieren erhitzen Sie die Sauce vorsichtig, geben den Basilikum, die Basilikum- und die Zitronenessenz dazu und schlagen die Butter darunter. Schmecken Sie die Sauce ab.

♥ Würzen Sie die Lachfilets mit Salz, Pfeffer und Zitronensaft. Erhitzen Sie das Olivenöl und die Butter bei mässiger bis guter Hitze in einer beschichteten Bratpfanne und braten Sie die Filets auf jeder Seite etwa 2 Minuten gar. Richten Sie die Lachsfilets auf den vorgewärmten Tellern an. Giessen Sie die Basilikumsauce um den Fisch und garnieren Sie die Teller mit Basilikumzweigen.

PS Trockenreis, mit Wildreis gesprenkelt, ist ein würdiger Begleiter zu diesem Fisch. Kartoffelfans essen ihn mit Dampfkartoffeln.

PPS Servieren Sie Ihrem Schatz des öftern Fisch, denn – es ist erwiesen – Männer in traditionell Fisch essenden Ländern geniessen eine starke Virilität bis ins hohe Alter! Glücklich die dortigen Frauen!

PPPS Auch gegrillt schmeckt Lachsfilet vorzüglich!

Gebratener Kabeljau mit Sauternes-Sauce und Pfifferlingen

Heaven's gate

2 EL Olivenöl
1 EL Currypulver
2 schöne Kabeljaufilets vom Rücken (Filet royal)

Sauce:
2 Schalotten
2 mittelgrosse Champignons
10 g Butter
100 ml Sauternes
3–4 EL Eisenkrauttee
100 ml Fischfond
100 ml Rahm
Salz, Pfeffer aus der Mühle

100 g schöne, kleine Pfifferlinge
10 g Butter
Salz, Pfeffer aus der Mühle

1 EL Olivenöl zum Braten
2 Tropfen Eisenkrautessenz
20 g Butter in Stückchen
1 Portion Knoblauchconfit (siehe Seite 143)

♥ Mischen Sie das Olivenöl mit dem Currypulver und bestreichen Sie den Fisch zum Marinieren damit. Zur Seite stellen.

♥ Für die Sauce schneiden Sie die Schalotten und die Champignons in kleine Würfel. Dünsten Sie beides in der mässig heissen Butter etwa 5 Minuten weich, löschen Sie es mit dem Sauternes und dem Eisenkrauttee ab und lassen Sie alles auf die Hälfte einkochen. Nun giessen Sie den Fischfond dazu und lassen auch diesen wiederum auf die Hälfte einkochen. Schliesslich geben Sie den Rahm dazu und köcheln ihn, bis die Sauce sämig ist. Giessen Sie die Sauce durch ein feines Sieb in eine saubere Sauteuse. Dabei die Schalotten und Champignons gut ausdrücken. Schmecken Sie die Sauce mit Salz und Pfeffer ab.

♥ Heizen Sie den Ofen auf 60 Grad vor und wärmen Sie zwei Teller und eine Platte für den Fisch mit.

♥ Putzen Sie die Pfifferlinge sorgfältig. Erhitzen Sie die 10 g Butter und sautieren Sie die Pilze darin, bis sie goldbraun sind. Würzen Sie sie und halten Sie sie warm.

♥ Schneiden Sie den marinierten Fisch nach Belieben in grosse Stücke. Erhitzen Sie das Olivenöl in einer beschichteten Bratpfanne und braten Sie den Fisch auf beiden Seiten 6 bis 8 Minuten gar. Vorsicht beim Wenden, er bricht leicht auseinander. Aus der Pfanne nehmen und im Ofen warm halten.

♥ Kurz vor dem Servieren erwärmen Sie die Sauce nochmals, geben die Eisenkrautessenz dazu und rühren die Butterstückchen in die nicht mehr kochende Sauce. Schlagen Sie sie kurz mit dem Handrührgerät schaumig.

♥ Braten Sie in einer kleinen Bratpfanne ohne Fettzugabe die Knoblauchzehen knusprig.

♥ Giessen Sie die Sauternes-Sauce auf zwei vorgewärmte Teller, richten Sie den Kabejau, die Pfifferlinge und den Knoblauch darauf an und garnieren Sie alles nach Belieben.

Jakobsmuscheln auf Petersilienbett

Peterchen, komm her

6 Jakobsmuscheln

Petersiliensauce:
Je 1 Bund glatte und krause Petersilie
1/2 Schalotte
1 TL Butter
100 ml Doppelrahm
2 TL Petersilienessenz
1 Tropfen Muskatnussessenz
Salz, weisser Pfeffer aus der Mühle,
einige Tropfen Zitronensaft

1 TL Olivenöl
ganz wenig frisch geriebene Muskatnuss

- Waschen Sie die Jakobsmuscheln und trocknen Sie sie mit Küchenpapier. Kühlen Sie die Muscheln mindestens 30 Minuten, bis sie fest sind. Wenn das Muschelfleisch fest geworden ist, halbieren Sie die Muscheln quer in je 2 Scheiben. Stellen Sie sie wieder kühl.
- Für die Sauce in einer Kasserolle genügend Wasser zum Kochen bringen und salzen. Legen Sie von den Kräutern je 2 Zweige für die Garnitur beiseite. Blanchieren Sie die restlichen Petersilienblätter 2 Minuten, schrecken Sie sie in kaltem Wasser ab und drücken Sie die Blätter in einem Sieb gut aus. Dann hacken Sie die Petersilie fein. Hacken Sie auch die Schalotte in kleine Würfel. Schäumen Sie in einer kleinen Sauteuse bei mittlerer Hitze die Butter auf und dünsten Sie darin die Schalotte 5 Minuten glasig. Fügen Sie den Doppelrahm bei und köcheln Sie das Ganze so lange, bis die Sauce sämig ist. Fügen Sie die Essenzen und die Petersilie hinzu und pürieren Sie die Sauce mit dem Stabmixer. Schmecken Sie die Sauce ab.
- Zwei Teller vorwärmen.
- Erhitzen Sie in einer beschichteten Bratpfanne das Olivenöl. Salzen und pfeffern Sie die Jakobsmuscheln und braten Sie sie einige Augenblicke scharf an.
- Gleichzeitig erhitzen Sie die Sauce nochmals. Giessen Sie die heisse Sauce auf die vorgewärmten Teller und richten Sie die gebratenen Jakobsmuscheln darauf an. Garnieren Sie die Teller mit Petersilie und servieren Sie die Muscheln sofort.

PS Selbstverständlich können Sie je nach Lust oder Angebot nur glatte oder nur krause Petersilie verwenden. Die Petersiliensauce können Sie am Vortag zubereiten und kurz vor dem Servieren vorsichtig erhitzen. Um Ihnen noch mehr Arbeit zu ersparen, bereiten Sie davon gleich eine grössere Menge zu und gefrieren Sie die Sauce portionenweise. Vielleicht haben Sie ja gleich mehrere Augensterne, die Sie mit einem aphrodisischen Mahl bezirzen wollen ...

IN DER KLIRRENDEN KÄLTE DURCH JUNGFRÄULICHEN SCHNEE STAPFEN MIT DER VORFREUDE IM HERZEN, BALD VOR DEM LODERNDEN KAMINFEUER EINEN GLÜHWEIN ZU TRINKEN, WÄRME UND HINGEGEBENHEIT TOTAL ...

Boris Stalder, 22 Jahre, Student

Jakobsmuscheln mit Koriandersauce

Pilgere in meinen Hafen

300 g Jakobsmuscheln, ausgelöst
1 Tomate
1/2 Schalotte
1 Stück frischer Ingwer, etwa 1 cm lang
1 Stängel Zitronengras
1 EL Butter
1/2 Knoblauch
2 EL Reiswein oder trockener Sherry
100 ml Weisswein
100 ml Fischfond
4 EL Doppelrahm
1/2–1 TL Koriandersamen
1–2 Tropfen Korianderessenz
einige Tropfen Zitronensaft
Salz, Pfeffer aus der Mühle, Cayennepfeffer
8 Blätter Basilikum und 2 Zweiglein für die Garnitur

1 EL Olivenöl
1 TL Butter
Salz, Pfeffer aus der Mühle, wenig Koriandersamen

♥ Waschen und tupfen Sie die Jakobsmuscheln trocken. Halbieren Sie sie quer und stellen Sie sie kalt. Nehmen Sie sie mindestens 30 Minuten vor dem Braten aus dem Kühlschrank.

♥ Schälen, vierteln und entkernen Sie die Tomate. Schneiden Sie sie in kleine Würfel. Stellen Sie diese auch kalt.

♥ Hacken Sie die Schalotte fein. Schneiden Sie den Ingwer in kleinste Würfel. Schneiden Sie die trockene Spitze vom Zitronengras ab und zerquetschen Sie den Stängel mit dem Stil eines Küchenmessers. So wird er sein Aroma abgeben können.

♥ Dünsten Sie in einem kleinen Topf die Schalotte und den Ingwer in der aufschäumenden Butter etwa 5 Minuten bei mittlerer Hitze. Pressen Sie den entkeimten Knoblauch hinzu und rühren Sie um. Löschen Sie mit dem Reiswein oder Sherry ab und lassen Sie ihn verdunsten. Giessen Sie den Weisswein und Fischfond dazu und bringen Sie alles zum Kochen. Tauchen Sie den Zitronengrasstängel in die Sauce, nehmen Sie den Topf vom Feuer und decken Sie ihn zu. Lassen Sie das Ganze 15 bis 20 Minuten ziehen.

♥ Kochen Sie die Sauce wieder auf und entfernen Sie das Zitronengras. Reduzieren Sie die Flüssigkeit um die Hälfte. Schlagen Sie den Doppelrahm schaumig und geben Sie ihn zur Sauce. Mahlen Sie mit einer Pfeffermühle die Koriandersamen in die Sauce. Falls Sie keine Mühle zur Hand haben, geben Sie die Koriandersamen in einen Plastikbeutel und zerdrücken Sie diese mit dem Stil eines Küchenmessers. Oder Sie benutzen den Mörser und Stössel. Würzen Sie die Sauce mit der Korianderessenz und dem Zitronensaft. Schmecken Sie sie ab.

♥ Schneiden Sie die Basilikumblätter in feine Streifen und geben Sie sie mit den Tomatenwürfeln zur heissen Sauce. Das sollten Sie erst ganz kurz vor dem Servieren tun. Falls notwedig, würzen Sie noch nach.

♥ Erhitzen Sie in einer beschichteten Bratpfanne das Olivenöl und die Butter. Würzen Sie die Jakobsmuscheln mit Salz Pfeffer und den Koriandersamen und braten Sie sie bei guter Hitze einige Augenblicke scharf an. Giessen Sie die heisse Sauce in 2 vorgewärmte Teller und arrangieren Sie die Jakobsmuscheln darauf. Garnieren Sie die Teller mit den Basilikumzweiglein und servieren Sie das Gericht sofort.

PS Ihr Lieblingspilaw oder feine Nudeln komplimentieren dieses Gericht.

SEHR SINNLICH IST FÜR MICH DER MUNDWINKEL, WEIL ER AUF EINE GANZ FEINE ART UND WEISE JEDE GEMÜTSREGUNG AUSZUDRÜCKEN VERMAG.

Livia Gnos, 21 Jahre, Kunststudentin

Riesencrevetten all' arrabiata

Daredevil

6 – 12 Riesencrevetten, geschält oder ungeschält

Marinade:
2 TL Olivenöl
einige Tropfen Limetten- oder Zitronensaft
1 TL helle Soyasauce
1 Knoblauchzehe

1/2 Schalotte
1 roter Chili
1 Stück Ingwer von etwa 1 cm Länge
1/2 Knoblauchzehe
2 EL Olivenöl
Gewürzsalz (siehe Seite 146)
1 TL Butter
1 EL Ketchup
1–2 EL Cognac
4 EL Weisswein
4 EL Muira-Puama-Tee (siehe Seite 130)
100 ml Doppelrahm
Salz, Pfeffer aus der Mühle, Cayennepfeffer
2–3 Tropfen Limetten- oder Zitronenessenz, nach Belieben

♥ Wenn Sie geschälte Riesencrevetten verwenden, entfernen Sie die dunklen Därme, indem Sie sie sorgfältig mit einer Pinzette herausziehen.

♥ Verrühren Sie alle Zutaten für die Marinade und pressen Sie den entkeimten Knoblauch dazu. Mischen Sie die Riesencrevetten darunter und marinieren Sie diese zugedeckt ungefähr 30 Minuten.

♥ Hacken Sie die Schalotte fein. Halbieren Sie den Chili der Länge nach und entfernen Sie die Kerne. Schneiden Sie ihn in feine Streifen. Schneiden Sie den Ingwer in feinste Würfelchen.

♥ Heizen Sie den Ofen auf 60 Grad vor und wärmen Sie 2 Teller und eine Platte mit. Nehmen Sie die Riesencrevetten aus der Marinade und tupfen Sie sie trocken.

♥ Erhitzen Sie in einer Bratpfanne 1 Esslöffel Olivenöl und die Butter. Würzen sie die Riesencrevetten mit Gewürzsalz und braten Sie diese 3 bis 5 Minuten, je nach Dicke, gar. Nehmen Sie die Riesencrevetten aus der Pfanne und halten Sie sie im Ofen warm. Geben Sie das restliche Öl in die Bratpfanne und dünsten Sie darin die Schalotte, Chilistreifen und den Ingwer 5 Minuten bei mittlerer Hitze.

♥ Pressen Sie den entkeimten Knoblauch hinzu. Rühren Sie einmal um. Fügen Sie das Ketchup, den Cognac, Weisswein und den Muira-Puama-Tee hinzu, bringen Sie die Sauce zum Kochen und reduzieren Sie die Flüssigkeit ein wenig. Schlagen Sie den Doppelrahm schaumig und mischen Sie ihn unter die Sauce. Kochen Sie sie nochmals auf und schmecken Sie sie ab.

♥ Arrangieren Sie die Riesencrevetten auf die vorgewärmten Teller, giessen Sie die Sauce darüber und servieren Sie das Gericht sofort.

PS Pilaw ist ein würdiger Begleiter.

PPS Anstelle der Riesencrevetten können Sie Scampi verwenden.

Venusmuscheln mit Saflorsauce

Jade und Perle

1 kg Venusmuscheln oder Miesmuscheln
1 Schalotte
1 Peperoncino
2 Knoblauchzehen
1 EL Olivenöl
2 EL Pernod
100 ml Weisswein
100 ml Saflortee (siehe Seite 131)
100 ml Rahm
1 Bund Petersilie
Salz, Pfeffer aus der Mühle, Cayennepfeffer

♥ Sortieren Sie die Muscheln zuerst. Offene Muscheln, die sich bei Fingerdruck nicht schliessen, und zerbrochene Muscheln werfen Sie weg. Legen Sie die Muscheln etwa 5 Minuten in eine Schüssel mit kaltem Wasser. Dann putzen Sie sie mit einer Bürste kräftig ab. Unebenheiten kratzen Sie mit einem Messer weg. Waschen Sie die Muscheln noch so viele Male in kaltem Wasser, bis sich am Boden der Schüssel kein Sand mehr absetzt. Tropfen Sie die Muscheln ab.

♥ Hacken Sie die Schalotte klein. Halbieren Sie den Peperoncini der Länge nach und entfernen Sie die Kerne. Schneiden Sie ihn in schmale Streifen. Entkeimen und pressen Sie den Knoblauch.

♥ Heizen Sie den Ofen auf 60 Grad vor und wärmen Sie 2 tiefe Teller und eine Servierschüssel mit.

♥ Erhitzen Sie in einem grossen Topf das Olivenöl bei mittlerer Hitze und dünsten Sie darin die Zwiebel und den Peperoncino 5 Minuten lang an. Geben Sie den Knoblauch bei und rühren Sie um. Fügen Sie den Pernod hinzu und lassen Sie ihn fast verdampfen. Giessen Sie den Weisswein und den Saflortee hinzu und kochen Sie alles auf. Legen Sie alle Muscheln in den Topf. Rühren Sie sorgfältig um. Sobald sich eine Muschel öffnet, nehmen Sie sie aus dem Topf und legen sie in eine vorgewärmte Servierschüssel. Wenn alle Muscheln in der Servierschüssel sind, schieben Sie die Schüssel in den vorgeheizten Ofen. Giessen Sie die Sauce durch ein mit einem feuchten Mundtüchlein ausgekleidetes Sieb in eine saubere Sauteuse. Drücken Sie dabei die Schalotten gut aus. Reduzieren Sie die Sauce um die Hälfte. Giessen Sie den Rahm hinzu und kochen Sie sie so lange, bis sie sämig ist. Geben Sie die gehackte Petersilie zur Sauce und würzen Sie sie. Giessen Sie die Sauce über die Muscheln. Servieren Sie die Venusmuscheln sofort.

PS Dieses Gericht ist für eine Hauptspeise berechnet. Servieren Sie dazu Trockenreis oder Dampfkartoffeln. Als Vorspeise halbieren Sie die Mengenangaben. Dazu reichen Sie knusperiges Brot.

Marinierte Pouletstücke im Pandanusblatt, Rezept Seite 92

FLEISCH UND GEFLÜGEL

Wachtelbrüstchen mit Morchelsauce

How about it?

100 g frische oder 20 g getrocknete Morcheln
1/2 kleine Schalotte
1/2 Knoblauchzehe
10 g Butter
1–2 EL Cognac
1–2 EL Weisswein
100 ml Gemüse- oder Kalbsfond
100 ml Doppelrahm
Salz, Cayennepfeffer, weisser Pfeffer aus der Mühle, Zitronensaft
6 Wachtelbrüstchen
Gewürzsalz (siehe Seite 146)
1 EL Olivenöl
1 TL Butter

♥ Wenn Sie getrocknete Morcheln verwenden, weichen Sie sie 30 Minuten in warmem Wasser ein. Waschen Sie die Morcheln sorgfältig unter fliessendem Wasser. Spülen Sie dabei den Sand gründlich aus allen Fältchen. Lassen Sie die Morcheln in einem Sieb gut abtropfen. Die Schalotte in kleine Würfel hacken. Den Knoblauch entkeimen.

♥ Schäumen Sie in einer kleinen Sauteuse die Butter auf. Geben Sie die Schalotte hinein und dünsten Sie sie goldgelb. Fügen Sie die Morcheln bei, pressen Sie den Knoblauch dazu und dünsten Sie alles zusammen weiter, bis die Flüssigkeit vollständig verdampft ist. Löschen Sie die Morcheln mit dem Cognac und dem Weisswein ab und köcheln Sie die Flüssigkeit auf die Hälfte ein. Den Fond dazugiessen und sirupartig einkochen lassen. Zuletzt fügen Sie den Rahm bei, erhitzen die Sauce nochmals kurz und schmecken sie ab.

♥ Heizen Sie den Ofen auf 70 Grad vor. Stellen Sie zwei Teller, eine Platte und darauf ein Kuchengitter in den Ofen.

♥ Würzen Sie die Wachtelbrüstchen mit dem Gewürzsalz. Erhitzen Sie das Öl und die Butter und braten Sie die Wachtelbrüstchen bei grosser Hitze auf jeder Seite 1 Minute scharf an. Auf dem Kuchengitter im warmen Ofen noch einige Minuten ruhen lassen. Dann richten Sie die Wachtelbrüstchen auf den zwei vorgewärmten Tellern an und umgiessen sie mit der heissen Morchelsauce.

♥ Reichen Sie dazu zum Beispiel gedünsteten Romanesco und feine Nudeln.

PS Morchelsauce ist eine sehr vielseitige Sauce, die auch hervorragend zu einem Kalbssteak oder Schweinsschnitzel passt. Zur Abwechslung füllen Sie damit Blätterteigpastetchen. Diese haben zwar nichts Aphrodisisches an sich, schmecken tun sie aber trotzdem.

PPS Wachtelbrüstchen bekommen Sie im gut sortierten Lebensmittelhandel oder im Delikatessengeschäft.

Gefüllte Wachteln mit Granatapfel-Orangen-Sauce

Babettes Fest

Füllung:
100 g Couscous
150 ml heisser Geflügelfond
10 g Butter
1 kleine Messerspitze Safranpulver
25 g Rosinen
25 g geschälte, geröstete und gehackte Mandeln
1 EL Orangenblütenwasser (aus der Apotheke)
je 1 Prise Nelkenpulver, Muskatnuss, Zimt
Salz und Pfeffer

2 Wachteln
Gewürzsalz (siehe Seite 146)
2 TL Senf
geschmolzene Bratbutter

Granatapfel-Orangen-Sauce:
200 ml Geflügelfond
100 ml Granatapfelsaft (von ca. 1 Granatapfel)
3–4 EL Rotwein
1/2 EL Grand Marnier
1/2 EL Orangenblütenwasser (aus der Apotheke)
1 EL Bitterorangenkonfitüre
Salz und Pfeffer
1 EL frische Butter
6 Datteln
20 g eiskalte Butter
1 EL Granatapfelkerne
1 EL geröstete Mandelstifte
Pfefferminzblätter

♥ Übergiessen Sie den Couscous mit dem heissen Geflügelfond, geben Sie Butter und Safran dazu und lassen Sie ihn mindestens 10 Minuten quellen, bis er weich ist und sich die Körner durch Reiben zwischen den Handflächen trennen lassen.

♥ Geben Sie die übrigen Zutaten für die Füllung dazu, mischen Sie das Ganze gut und schmecken Sie es mit Salz und Pfeffer ab.

♥ Waschen Sie die Wachteln innen und aussen und tupfen Sie sie trocken. Würzen Sie die Bauchhöhle mit Salz und Pfeffer und geben Sie die Füllung hinein. Die Öffnung mit Küchenschnur oder einem Zahnstocher schliessen und die Wachteln kalt stellen. Das können Sie schon am Vortag erledigen.

♥ Heizen Sie den Backofen auf 220 Grad vor.

♥ Würzen Sie die Wachteln mit Gewürzsalz und reiben Sie sie mit Senf ein. Streichen Sie ein Bratgeschirr mit heisser Bratbutter aus, legen Sie die Wachteln hinein und bepinseln Sie sie ebenfalls mit heisser Bratbutter. Braten Sie sie in der Mitte des Ofens 20 bis 30 Minuten goldbraun und bestreichen Sie sie dabei hin und wieder mit Butter. Sie können – wenn Sie vor dem Essen zum Beispiel noch ein anregendes Rosmarinbad nehmen wollen – die fertig gebratenen Wachteln 30 Minuten im Ofen warm halten. Öffnen Sie dazu nach Ablauf der Bratzeit die Ofentür halb und lassen Sie die Hitze auf 80 Grad abfallen (die Temperatur mit einem Ofenthermometer kontrollieren). Schieben Sie die Teller zum Vorwärmen unter das Bratgeschirr, schliessen Sie die Ofentür ... und bereiten Sie sich in Musse auf das Liebesmahl vor.

♥ Auch die Sauce können Sie vorbereiten: Mischen Sie dazu alle flüssigen Zutaten für die Sauce in einem Topf, kochen Sie sie auf und reduzieren Sie sie auf knapp 100 ml. Geben Sie die Bitterorangenkonfitüre dazu, lassen Sie diese schmelzen und schmecken Sie die Sauce mit Salz und Pfeffer ab. So weit kann die Sauce vorbereitet werden. Kühl stellen.

♥ Erwärmen Sie die Butter in einer beschichteten Bratpfanne und lassen Sie die Datteln darin bei mässiger Hitze karamelisieren. Vorsicht: Sie brennen leicht an. Auf einen Teller geben und im Ofen warm halten.

♥ Kurz vor dem Servieren erwärmen Sie die Sauce wieder und ziehen die eiskalte Butter in Stücken darunter. Nehmen Sie die Wachteln aus dem Ofen, entfernen Sie Küchenschnur oder Zahnstocher und geben Sie die Vögel auf die vorgewärmten Teller. Garnieren Sie die Teller mit den Datteln, Granatapfelkernen, Mandelstiften und Pfefferminzblättern und giessen Sie je 1 Esslöffel Sauce dazu. Die restliche Sauce reichen Sie separat dazu. Fingerbowlen nicht vergessen, denn dieses Gericht kann man gut mit den Fingern essen.

PS Falls Sie noch Couscousfüllung übrig haben, wärmen Sie sie kurz vor dem Essen und reichen Sie sie dazu.

PPS Wachteln bekommen Sie im gut sortierten Lebensmittelhandel oder im Delikatessengeschäft.

Gefüllte Poussins mit Muira-Puama-Sauce

Paradiesvogel

Füllung:

60 g wilder Reis
1 Tomate
1 Artischockenherz, frisch oder aus der Dose
$1/2$ Bund Petersilie
Salz, Pfeffer aus der Mühle

2 Poussins (Stubenküken)
Gewürzsalz (siehe Seite 146)
heisse Bratbutter

Sauce:

100 ml Muira-Puama-Tee (siehe Seite 130)
100 ml Gefügelfond
100 ml Weisswein
2 EL frische Pfefferkörner (Thai-Laden) oder getrocknete rosa Pfefferkörner
20–40 g Butter

♥ Bereiten Sie zunächst die Füllung zu: Kochen Sie den Reis in reichlich Salzwasser etwa 45 Minuten gar. Schälen und entkernen Sie die Tomate, dann schneiden Sie sie in kleine Würfel. Das Artischockenherz schneiden Sie ebenfalls in gleich grosse Würfel. Die Petersilie hacken. Vermengen Sie den gar gekochten Reis mit den Tomaten- und Artischockenwürfeln sowie der Petersilie. Schmecken Sie die Füllung pikant ab.

♥ Waschen Sie die Poussins innen und aussen und trocknen Sie sie ab. Streuen Sie wenig Salz und Pfeffer in die Bauchhöhle und füllen Sie sie mit der Reismasse. Das können Sie unbeschwert vorbereiten und die gefüllten Poussins dann kühl stellen. Das vorbereitete Geflügel 1 Stunde vor dem Braten aus dem Kühlschrank nehmen.

♥ Heizen Sie den Ofen auf 200 Grad vor. Bepinseln Sie die Poussins mit heisser Bratbutter, würzen Sie sie mit Gewürzsalz, legen Sie sie auf einen Rost, unter dem ein Bräter das heruntertropfende Fett auffängt. Schieben Sie das Ganze in die Mitte des Ofens und braten Sie die Vögel unter wiederholtem Beträufeln zirka 50 Minuten, bis sie wunderbar knusprig sind. Sobald die Poussins fertig gebraten sind, öffnen Sie die Ofentür und lassen sie noch 10 Minuten ruhen. Zugleich die Teller vorwärmen.

♥ Unterdessen widmen Sie sich der Sauce. Kochen Sie den Tee mit dem Geflügelfond und dem Weisswein auf und reduzieren Sie das Ganze auf 100 ml. So weit können Sie die Sauce vorbereiten und beiseite stellen.

♥ Während die Poussins im offenen Ofen ruhen, erhitzen Sie die Sauce. Dann den Herd ausschalten und so viel eiskalte Butterstückchen unter die Sauce schwingen, bis sie die richtige Konsistenz hat. Die Pfefferkörner beigeben.

♥ Richten Sie die Poussins auf zwei Tellern an und garnieren Sie die Teller nach Lust und Laune. Die Sauce giessen Sie in zwei kleine Schälchen und stellen diese mit auf die Teller.

PS Essen Sie dieses Gericht mit den Fingern, Sie werden sehen und spüren, wie erotisch und elektrisierend das ist. Dazu stellen Sie Fingerbowlen bereit.

PPS Dieses Gericht hat wie alle gebratenen Geflügelgerichte den Nachteil, dass das Fett beim Braten im Ofen einen ziemlich starken Geruch entwickelt, dem man sich nicht entziehen kann, und spätestens wenn man sich zu Tisch setzt, realisiert man, dass man wie ein Wiener Backhendl duftet. Nichts gegen Wiener Backhendl, aber Sie wollen gewiss nicht mit einem solchen verwechselt werden. Darum schlage ich vor, dass Sie dieses Gericht mit Ihrem Partner zusammen zubereiten, oder aber Sie lassen sich von einer dritten Person bekochen, zum Beispiel von einer lieben Nachbarin, die gerührt ist, dass Sie im Liebesglück schweben.

POULET EN PAPILLOTE

Liebespäckchen

Marinade:
½ Knoblauchzehe
1 Stück Ingwer von ca. 1 cm
1 EL Austernsauce
1 EL helle Sojasauce
1 TL Sesamöl
½ TL Maisstärke

300 g Pouletbrüste
je ½ rote und gelbe Peperoni (Paprika)
½ rote Zwiebel
4 Baby-Maiskölbchen
100 g Pak-choy (Senfkohl), wenn möglich die kleine Sorte
4–6 kleine Frühlingszwiebeln
2 Stängel chinesischer Knoblauch
6 Blätter Thai-Basilikum
Salz, Pfeffer aus der Mühle

♥ Entfernen Sie den Keimling aus der Knoblauchzehe und hacken Sie den Knoblauch fein. Schälen Sie den Ingwer und hacken Sie ihn so fein wie den Knoblauch. Beides mit der Austernsauce, der Sojasauce, dem Sesamöl und der Maisstärke mischen. Schneiden Sie die Pouletbrüste in feine Streifen. Geben Sie diese zur Marinade und mischen Sie alles gründlich. Das Fleisch mindestens 1 Stunde marinieren.

♥ Entkernen Sie die Peperoni. Schneiden Sie Peperoni und Zwiebel in dünne Streifen von ähnlicher Grösse wie das Pouletfleisch. Halbieren Sie die Maiskölbchen und den Pak-choy der Länge nach. Schneiden Sie die Frühlingszwiebeln in 5 cm lange Stücke und den chinesischen Knoblauch in feine Rädchen.

♥ Heizen Sie den Ofen auf 200 Grad vor. Schneiden Sie zwei Rechtecke Pergamentpapier von zirka 30 cm Länge zu. Verteilen Sie das Pouletfleisch und die Gemüse gleichmässig auf die beiden Stücke Papier. Streuen Sie den chinesischen Knoblauch und die Basilikumblätter darüber. Würzen Sie alles mit Salz und Pfeffer. Schliessen Sie die Pakete wie ein Couvert und schnüren Sie sie locker zu. Legen Sie die Pakete auf ein mit Backpapier belegtes Backblech und schieben Sie dieses für 10 bis 12 Minuten in die Mitte des heissen Ofens.

♥ Geben Sie die gebackenen Pakete auf zwei vorgewärmte Teller und servieren Sie sie sofort. Öffnen Sie die Pakete am Tisch mit den Essstäbchen.

PS Sie können auch fritierte Pouletpäckchen machen. Dazu nehmen Sie Reispapier, das Sie gleich mitessen können, schneiden die Zutaten kleiner und formen am besten kleinere Pakete.

PPS Bei diesem Gericht können Sie im Übrigen Ihrer Fantasie freien Lauf lassen. Wählen Sie das Gemüse nach Marktangebot und nach Ihren aphrodisischen Vorlieben. Verwenden Sie Fisch statt Fleisch. Geben Sie zur Geschmacksverstärkung ein wenig gebratenen Speck, Schinken oder Crevetten dazu (so, wie es die Chinesen lieben). Eines jedoch bleibt sich bei diesem Gericht immer gleich: Es ist sehr leicht verdaulich und der Eigengeschmack der einzelnen Zutaten kommt bei dieser Garmethode voll zur Geltung.

PPPS Senfkohl, wahrscheinlich die einzige aphrodisierende Kohlart, finden Sie in Thai-Läden. Eine gute Alternative sind chinesischer Broccoli (Gai lan) oder Kefen.

Marinierte Pouletstücke im Pandanusblatt

Help me get undressed

Marinade:
1 Eigelb
1 EL Weissmehl
1 EL Reiswein oder trockener Sherry
1 EL helle Sojasauce
1 EL Chilisauce
1 EL Austernsauce
1 EL Sesamöl
1 TL Zucker
1 EL Whisky
Pfeffer aus der Mühle
400 g Pouletbrüste und/oder -unterschenkel
12 Pandanusblätter (im Thai-Laden vorbestellen)
2 EL Erdnussöl

Sauce:
2 EL Zucker
2 EL Honig
2 EL Wasser
2 EL Balsamicoessig
1 EL Reisessig oder trockener Sherry
1 EL Ketchup
1 EL helle Sojasauce
1 TL geröstete Sesamsamen

♥ Mischen Sie alle Zutaten für die Marinade. Schneiden Sie die Pouletbrüste und/oder das Fleisch von den Pouletschenkeln in 4 bis 5 cm grosse, gleichmässige Würfel. Marinieren Sie die Pouletstücke 24 Stunden im Kühlschrank.

♥ Am nächsten Tag legen Sie die Pandanusblätter kurz in kaltes Wasser ein, bis sie geschmeidig sind. Die Blätter abtrocknen.

♥ Für die Sauce geben Sie alle Zutaten bis auf die Sesamsamen in eine Sauteuse, erhitzen alles sorgfältig und köcheln es etwa 10 Minuten. Die Sauce auskühlen lassen und erst am Schluss die gerösteten Sesamsamen dazugeben.

♥ Tupfen Sie die Pouletwürfel trocken und packen Sie sie in die Pandanusblätter ein. Wenn nötig, mit einem Zahnstocher befestigen.

♥ Erhitzen Sie das Erdnussöl in einer Bratpfanne und braten Sie die Pouletpäckchen etwa 8 Minuten. (Sie können die Pouletstücke auch im 180 Grad heissen Ofen 15 bis 20 Minuten backen.) Servieren Sie die Pandanuspäckchen sofort und reichen die Sauce separat dazu.

PS Die Pandanusblätter werden nicht gegessen, sie verleihen dem Poulet nur ihr einzigartiges, aphrodisierendes Aroma. Sie bekommen Pandanusblätter, zu Deutsch Schraubenpinienblätter, in Thai-Läden.

Kalbsfilets mignons mit Orangen, Kalmus und grünem Pfeffer

Kalbsfilets mignons mit Orangen, Kalmus und grünem Pfeffer

Im Reich der Sinne

1 Orange

Orangensauce:
2 Orangen
10 g Butter
1/2–1 EL Zucker
200 ml Kalbsfond
200 ml Kalmuswurzeltee (siehe Seite 131)
Salz, Pfeffer aus der Mühle, Tabasco

1 EL Bratbutter
1 EL Olivenöl
4–6 Filets mignons vom Kalb
Gewürzsalz (siehe Seite 146)

2 TL grüne Pfefferkörner, frisch (Thai-Laden) oder aus dem Glas
2 EL Grand Marnier oder Cointreau
2 Tropfen Orangenessenz
2 Tropfen Grünpfefferessenz

1 TL frische Butter

♥ Filetieren Sie die Orange: Schneiden Sie den Boden und den Deckel so weit weg, dass das Fruchtfleisch zum Vorschein kommt. Dann schneiden Sie mit einem scharfen Messer die Schale rundherum so weg, dass Sie die Haut der Schnitze gerade noch mitschneiden. Lösen Sie mit dem Messer die Schnitze den Trennwänden entlang aus der Haut. Fangen Sie den Fruchtsaft auf. Die ausgelösten Orangenschnitze zugedeckt kühl stellen.

♥ Für die Sauce waschen Sie die Orangen gründlich und schneiden mit einem Sparschäler die Schale dünn ab, ohne das Weisse mit abzuschneiden. Die Schale in dünne Streifchen (Zesten) schneiden. Halbieren Sie die Orangen und pressen Sie den Saft aus. Geben Sie den aufgefangenen Saft von der filetierten Orange dazu. Den Saft durchsieben; es sollte insgesamt 200 ml ergeben.

♥ Schmelzen Sie die Butter in einer Sauteuse, geben Sie den Zucker bei und lösen Sie ihn bei mittlerer Hitze unter ständigem Rühren auf. Sobald der Zucker karamelisiert ist, die Sauteuse vom Herd nehmen und den Kalbsfond, den Kalmustee, den Orangensaft und die Orangenzesten dazugeben. Mischen Sie alles tüchtig und stellen Sie die Sauteuse zurück auf den Herd. Reduzieren Sie die Sauce, bis sie dicklich und sirupartig ist. Sie sollten etwa 100 ml davon haben. Mit Salz, Pfeffer und Tabasco abschmecken.

♥ Heizen Sie den Ofen auf 75 Grad vor. Wärmen Sie zwei Teller, eine Platte und darauf ein Kuchengitter mit.

♥ Erhitzen Sie die Bratbutter und das Öl bei hoher Hitze in einer Bratpfanne. Die Kalbsmedaillons würzen und sofort in die Pfanne geben. Braten Sie die Filets mignons auf jeder Seite je nach Dicke 1 bis 1 1/2 Minuten. Sofort aus der Pfanne nehmen, mit Küchenpapier abtupfen und auf das Kuchengitter in den Ofen legen. Lassen Sie das Fleisch 45 bis 50 Minuten nachgaren.

♥ Unterdessen zerdrücken Sie die Pfefferkörner leicht mit einer Gabel. Marinieren Sie sie im Grand Marnier und den Essenzen. Kurz vor dem Servieren erwärmen Sie die Sauce, geben die Pfefferkörner mit dem Grand Marnier dazu und schmecken die Sauce nochmals ab.

♥ Erhitzen Sie die frische Butter in einer kleinen Bratpfanne. Sobald sie aufschäumt, geben Sie die Orangenschnitze dazu und wenden sie kurz darin. Das geht nur einige Augenblicke.

♥ Nehmen Sie die Teller und das Fleisch aus dem Ofen. Giessen Sie den angesammelten Fleischsaft auf der Platte in die Sauce. Richten Sie die Filets mignons auf den vorgewärmten Tellern an, legen Sie die Orangenschnitze darauf und überziehen Sie das Ganze mit der Sauce.

PS Die Sauce passt auch zu Poulet- oder Entenbrüstchen.

PPS Reis, zum Beispiel Camarguereis, und ein grünes Gemüse, zum Beispiel fein geschnittene und gedämpfte Zucchinistreifen, begleiten das Gericht gut.

KALBSSCHNITZEL MIT KAWA-KAWA-CALVADOS-SAUCE

Kavaliere küssen köstlich

6 Kalbsschnitzel, je etwa 50 g schwer
Gewürzsalz (siehe Seite 146)
1 EL Olivenöl
1 TL Butter

Sauce:
1/2 Schalotte
1/2 Knoblauchzehe
2 EL Calvados
3–4 EL (50 ml) Kawa-Kawa-Tee (siehe Seite 130)
3–4 EL Kalbsfond
4 EL Doppelrahm
wenig abgeriebene Zitronenschale
einige Tropfen Zitronensaft
1/2 TL Senf
Salz, Pfeffer aus der Mühle, Cayennepfeffer, Curry

Nach Belieben:
1/2 kleiner Apfel
2 TL Butter

♥ Heizen Sie den Ofen auf 70 Grad vor. Wärmen Sie zwei Teller und eine Platte mit. Erhitzen Sie in einer Bratpfanne das Olivenöl und die Butter bei starker Hitze. Würzen Sie die Schnitzelchen und braten Sie sie im heissen Öl auf jeder Seite je nach Dicke 30 bis 60 Sekunden. Geben Sie die gebratenen Schnitzelchen auf die Platte im warmen Ofen. Löschen Sie den Bratensatz mit dem Calvados ab. Lassen Sie ihn fast verdampfen. Giessen Sie den Kawa-Kawa-Tee und den Kalbsfond hinzu und reduzieren Sie die Flüssigkeit auf die Hälfte. Geben Sie den Doppelrahm bei und kochen Sie die Sauce so lange, bis sie sämig ist. Würzen Sie sie mit Zitronenschale, Zitronensaft und dem Senf. Schmecken Sie die Sauce ab. Schlagen Sie sie mit einem Handrührgerät kurz schaumig.

♥ Schälen Sie den Apfel und schneiden Sie ihn in kleine Würfel. Sautieren Sie die Würfel in der aufschäumenden Butter etwa 30 Sekunden lang. Geben Sie diese zur Sauce. Arrangieren Sie die Kalbsschnitzel auf die vorgewärmten Teller und giessen Sie die Kawa-Kawa-Calvados-Sauce darüber. Feine farbige Nudeln passen zu diesem Gericht.

PS Die Apfelstücke können Sie nach Belieben weglassen.

FÜR MICH GIBT ES GANZ KLAR ZWEI SINNLICHE SITUATIONEN. DIE EINE IST, MIT EINER FRAU ZUSAMMEN ZU SEIN, DIE ANDERE, AUF DEM MOTORRAD DURCH DIE GEGEND ZU FLITZEN.

Robert Casagrande, 25 Jahre, kaufmännischer Angestellter

SCHWEINSFILET MIT CATUABASAUCE

Midnight lover

100 ml starker Catuabatee (siehe Seite 130)
30 g Sultaninen
1 EL Olivenöl
1 TL Butter
400 g Schweinsfilet am Stück
Gewürzsalz (siehe Seite 146)
2 EL Cognac
4 EL Weisswein
200 ml Kalbsfond
50 ml Catuaba-Maté-Marinade
150 ml Doppelrahm

♥ Bereiten Sie den Tee zu und marinieren Sie die Sultaninen darin über Nacht. Am folgenden Tag giessen Sie die Sultaninen ab und halten beides bereit.

♥ Heizen Sie den Ofen auf 80 Grad vor, stellen Sie gleichzeitig zwei Teller, eine Platte und darauf ein Kuchengitter hinein.

♥ Erhitzen Sie eine Bratpfanne stark. Geben Sie das Öl und die Butter hinein und lassen Sie es rauchheiss werden. Würzen Sie das Filet mit Gewürzsalz und braten Sie es auf allen Seiten 5 Minuten kräftig an. Nehmen Sie es aus der Bratpfanne, tupfen Sie es mit Küchenpapier ab, legen Sie es auf das Kuchengitter in den Ofen und lassen es 1 1/2 bis 1 3/4 Stunden nachziehen.

♥ Für die Sauce tupfen Sie das überschüssige Fett in der Bratpfanne ab. Giessen Sie den Cognac dazu und eine Sekunde später den Weisswein. Reduzieren Sie die Flüssigkeit auf die Hälfte. Fügen Sie den Kalbsfond bei und reduzieren Sie die Flüssigkeit auf 50 ml. Giessen Sie die Sauce durch ein mit einem Mundtüchlein ausgekleidetes Sieb in eine Sauteuse. Erhitzen Sie die Sauce, geben Sie den beiseite gestellten Tee und den Rahm bei und reduzieren Sie alles wieder auf die Hälfte, bis die Sauce sämig ist. Abschmecken.

♥ Kurz vor dem Servieren kochen Sie die Sauce nochmals auf, geben die Sultaninen bei und erwärmen sie. Das Filet aus dem Ofen nehmen und den Saft von der Platte zur Sauce giessen. Schneiden Sie das Fleisch schräg in nicht zu dünne Scheiben. Giessen Sie etwas Sauce auf die vorgewärmten Teller, legen Sie die Filetscheiben darauf und streuen Sie die Sultaninen darüber. Als Beilage passen Nudeln.

PS Statt Schweinefleisch können Sie natürlich auch ein Kalbsfilet verwenden. Braten Sie das Kalbsfilet 5 bis 6 Minuten an und Sie lassen es dann 1 3/4 bis 2 Stunden im Ofen ruhen.

LAMM MIT PFEFFERMINZ-HOLLANDAISE

Let's spend the night together

400 g Lammrückenfilets
1 Knoblauchzehe
1 EL Olivenöl
Gewürzsalz (siehe Seite 146)

Pfefferminz-Hollandaise:
3–4 EL Weissweinessig
4 weisse Pfefferkörner
einige Stängel Pfefferminze
1/2 Schalotte
1 EL kaltes Wasser
1 EL Weisswein
2 Eigelb
100–120 g kalte Butter
wenig Zitronensaft, Salz, Cayennepfeffer
1 EL frisch gehackte Pfefferminzblätter
2 Tropfen Pfefferminzessenz

♥ Binden Sie die Lammrückenfilets, so dass sie schön rund werden. (Das ist natürlich freiwillige Mehrarbeit.) Halbieren Sie den Knoblauch, entfernen Sie den Keimling und legen den Knoblauch ins Olivenöl. Marinieren Sie die Filets 24 Stunden im Knoblauchöl im Kühlschrank.

♥ Nehmen Sie das Fleisch mindestens 1 Stunde vor dem Braten aus dem Kühlschrank. Heizen Sie den Ofen auf 80 Grad vor. Schieben Sie zwei Teller und eine Platte mit einem Kuchengitter darauf in den Ofen.

♥ Streifen Sie die Marinade vom Fleisch und tupfen Sie es trocken. Erhitzen Sie eine Bratpfanne bei starker Hitze, geben Sie das abgetropfte Öl und den Knoblauch hinein. Würzen Sie das Fleisch mit dem Gewürzsalz und braten Sie die Filets 2 bis 2 1/2 Minuten rundum kräftig an. Das Fleisch aus der Bratpfanne nehmen, trockentupfen und 1 Stunde auf dem Kuchengitter im Ofen nachgaren lassen. Danach die Hitze auf 60 Grad reduzieren.

♥ Geben Sie den Weissweinessig mit den Pfefferkörnern, der Pfefferminze und der Schalotte in einen kleinen Topf und reduzieren Sie die Flüssigkeit auf die Hälfte.

♥ Giessen Sie die Saucenreduktion durch ein feines Sieb in eine Schüssel, die Sie in ein Wasserbad stellen können. Die Schalotte und die Pfefferminzzweige gut ausdrücken. Stellen Sie die Schüssel in ein heisses Wasserbad. Geben Sie Wasser und Weisswein dazu, fügen Sie die Eigelbe hinzu und verrühren Sie alles kräftig mit dem Schwingbesen zu einer luftigen Sauce. Dann schwingen Sie die kalte Butter nach und nach darunter. Warten Sie immer, bis das Butterstückchen vollständig geschmolzen ist, bevor Sie ein neues einrühren. So fortfahren, bis die Sauce eine dickliche Konsistenz hat. Halten Sie dabei das Wasserbad im Auge: Das Wasser darf nicht kochen, sonst gerinnt das Eigelb. Sobald die Sauce die gewünschte Konsistenz hat, nehmen Sie sie vom Feuer und schmecken sie ab. Die gehackten Pfefferminzblätter und die Pfefferminzessenz beifügen und die Sauce umrühren. Die Minze entwickelt ihr volles Aroma erst nach etwa 10 Minuten.

♥ Nehmen Sie das Fleisch aus dem Ofen, entfernen Sie die Küchenschnur, schneiden Sie das Fleisch in nicht zu dünne Scheiben und richten Sie sie fächerartig auf den zwei vorgewärmten Tellern an. Servieren Sie das Fleisch sofort mit der Pfeffeminz-Hollandaise. Eine Auswahl Frühlingsgemüse und Rosmarinkartoffeln passen gut dazu.

Lammrückenfilets an Knoblauchsauce

Spice up your love life

60 g Knoblauchzehen, geschält gewogen
120 g Schalotten, geschält gewogen

2 schöne Lammrückenfilets
Gewürzsalz (siehe Seite 146)
1 EL Olivenöl
1 TL Butter

4 EL Noilly Prat (trockener Wermut)
4 EL Weisswein
100 ml Kalbsfond
2 Thymianzweige
100 ml Doppelrahm
Salz, Pfeffer, Muskatnuss
2–3 Knoblauchzehen
2 TL Butter
½ TL Thymianblättchen

- Halbieren Sie die Knoblauchzehen und entfernen Sie mit einem scharfen Messer die Keimlinge. Vierteln Sie die Schalotten.
- Stellen Sie zwei Teller sowie einen dritten Teller oder eine Platte mit einem Kuchengitter darauf auf die unterste Rille in den Ofen und heizen Sie diesen auf 70 Grad vor.
- Erhitzen Sie eine Bratpfanne auf höchster Stufe. Geben Sie das Öl und die Butter hinein. Würzen Sie das Fleisch mit dem Gewürzsalz. Wenn das Öl rauchheiss ist, legen Sie die beiden Filets in die Pfanne und braten das Fleisch rundum kräftig je nach Dicke insgesamt 2 bis 2½ Minuten an. Die Filets aus der Pfanne heben und kurz in Küchenpapier wickeln, um überschüssiges Fett zu entfernen. Dann legen Sie das Fleisch auf das Kuchengitter in den Ofen und lassen es 1 Stunde nachgaren. Danach die Hitze auf 60 Grad reduzieren.
- Giessen Sie das Fett aus der Bratpfanne weg und lösen Sie den Bratensatz mit dem Noilly Prat und dem Weisswein auf. Giessen Sie die Flüssigkeit durch ein Sieb, das Sie mit einem feuchten Mundtüchlein ausgekleidet haben, in eine Sauteuse um. Den Kalbsfond, den Knoblauch, die Schalotten und die Thymianzweige hinzufügen, das Ganze erhitzen und zugedeckt 20 Minuten köcheln lassen. Reduzieren Sie die Flüssigkeit auf die Hälfte. Entfernen Sie die Thymianzweige und pürieren Sie den Knoblauch und die Schalotten mit der Flüssigkeit. Die Sauce durch ein sehr feines Sieb zurück in die Sauteuse passieren. Geben Sie den Rahm dazu und schmecken Sie die Sauce mit Salz, weissem Pfeffer und Muskatnuss ab. (Wenn Sie die Sauce im Voraus zubereiten wollen, geben Sie Noilly Prat, Weisswein und Kalbsfond in eine Sauteuse und befolgen die Zubereitung, wie oben beschrieben. Sie können dann immer noch nach dem Braten den Satz mit wenig Weisswein oder Wasser auflösen und diese Flüssigkeit durch ein mit einem feuchten Mundtüchlein ausgekleidetes Sieb direkt in die fertige Sauce giessen.)
- Entfernen Sie aus den restlichen Knoblauchzehen die Keimlinge, schneiden Sie den Knoblauch in dünne Scheiben und braten Sie diese in der heissen Butter goldbraun und knusprig.

♥ Nehmen Sie das Fleisch aus dem Ofen und lassen Sie es noch ein paar Minuten ruhen.

♥ Inzwischen können Sie, wenn nötig, die Sauce noch ein wenig einköcheln. Vorsicht: Pürierte Saucen haben die schlechte Angewohnheit, bei zu hoher Hitze wild um sich zu spritzen. Legen Sie die zwei vorgewärmten Teller mit Gemüse aus, giessen Sie einen Spiegel Knoblauchsauce in die Mitte. Schneiden Sie die Filets schräg in Scheiben und legen Sie diese fächerartig auf die Teller. Garnieren Sie das Fleisch mit dem Thymian und den Knoblauchchips. Servieren Sie das Gericht sofort, damit Sie es heiss geniessen können.

PS Da sich die Knoblauchsauce leicht einfrieren lässt, lohnt es sich, eine grössere Menge davon herzustellen.

LAMMRÜCKENFILETS MIT KNOBLAUCH AUF CHINESISCHE ART

Stirred passion

300 g Lammrückenfilet
2 TL Reiswein oder trockener Sherry
2 TL helle Sojasauce
1 TL dunkle Sojasauce
1 TL Sesamöl

2 Knoblauchzehen
4 Mini-Pâtissons
6 kleine Maiskölbchen
1 kleines Stück Ingwer
2 Stängel chinesischer Schnittlauch
3 EL Cashewnüsse
2 EL Öl
einige feine Rädchen rote Chilischote
4 EL Kalbsfond

♥ Schneiden Sie das Lammfleisch in dünne, mundgerechte Scheiben. Mischen Sie den Reiswein oder Sherry mit Sojasauce und Sesamöl und marinieren Sie das Fleisch gut darin.

♥ Entfernen Sie die Keimlinge und schneiden Sie den Knoblauch in Stäbchen. Blanchieren Sie die Pâtissons und die Maiskölbchen ganz kurz in siedendem Salzwasser und schrecken Sie das Gemüse in kaltem Wasser ab. Reiben Sie den Ingwer (es sollte 1 Teelöffel ergeben). Den chinesischen Schnittlauch in feine Ringe schneiden. Die Cashewnüsse längs halbieren und in 1 Esslöffel heissem Öl bei mittlerer Hitze mittelbraun rösten.

♥ Heizen Sie den Ofen auf 70 Grad vor und wärmen Sie eine Platte und zwei Teller mit.

♥ Erhitzen Sie das restliche Öl und braten Sie das Lammfleisch darin etwa 2 Minuten scharf an. Nehmen Sie es aus der Pfanne und lassen Sie es auf der Platte im vorgeheizten Ofen nachziehen. Braten Sie in derselben Pfanne den Knoblauch leicht braun, geben Sie dann den Ingwer und den Chili bei, rühren Sie einige Male, geben Sie das Gemüse dazu und rühren Sie wiederum etwa 2 Minuten. Die abgetropfte Marinade und den Kalbsfond dazugiessen und das Ganze erhitzen. Zuletzt geben Sie das Fleisch zurück in die Pfanne, erhitzen das Gericht nochmals ganz kurz und mischen den Schnittlauch darunter.

♥ Verteilen Sie das Gericht auf die zwei vorgewärmten Teller, garnieren Sie es mit den Cashewnüssen und servieren Sie es mit einem Trockenreis Ihrer Wahl.

PS Die zwei Hauptzutaten, Lammrücken und Knoblauch, sind dieselben wie im vorangehenden Rezept – und dennoch schmeckt das Gericht völlig anders!
Selbstverständlich liegt die Wahl der Gemüse bei Ihnen. Je nach Saison und Vorliebe können Sie unendlich viele Variationen austüfteln.

Rindsfilet mit Granatapfel-Chutney und Sternanissauce

Fatimas Sehnsucht

Chutney:
200 g Silberzwiebelchen
1 Granatapfel
1/2 rote Chilischote
3–4 EL Rotweinessig
30 g Korinthen (ersatzweise Rosinen oder Sultaninen)
2 Nelken
1 langer Pfeffer oder 1/2 TL Kubebenpfeffer
50 g Zucker
Salz, Pfeffer aus der Mühle

2 EL Olivenöl
1 EL Butter
400 g Rindsfilet am Stück
Gewürzsalz (siehe Seite 146)
100 ml Weisswein
100 ml Rinds- oder Kalbsfond
1 Sternanis
1 TL Gin
100 ml Doppelrahm
Salz, Pfeffer aus der Mühle, ein Hauch Currypulver, wenig Zitronensaft

♥ Schälen Sie die Zwiebelchen, aber lassen Sie sie ganz. Halbieren Sie den Granatapfel und pressen Sie die eine Hälfte wie eine Orange aus. Um möglichst viel Saft zu bekommen, drücken Sie die Kerne mit dem Rücken eines Kaffeelöffels aus. Giessen Sie den Saft durch ein mit einem feuchten Mundtüchlein ausgekleidetes Sieb. Aus der anderen Hälfte lösen Sie sorgfältig die Kerne heraus. Am besten stülpen Sie dazu das Innere sanft nach aussen und lösen die Kerne den Trennwänden entlang. Halbieren Sie die Chilischote der Länge nach, entkernen Sie sie und schneiden Sie sie in feine Streifen.

♥ Giessen Sie den Rotweinessig in einen Topf und erwärmen Sie ihn leicht. Geben Sie die Zwiebelchen, die Korinthen, den Chili, die Nelken, den langen Pfeffer oder Kubebenpfeffer, den Zucker, die Granatapfelkerne und den Granatapfelsaft dazu und bringen Sie das Ganze zum Kochen. Reduzieren Sie die Hitze und lassen Sie das Chutney etwa 30 bis 35 Minuten köcheln. Hin und wieder umrühren. Wenn alle Zutaten weich sind, schmecken Sie es ab.

♥ Heizen Sie den Ofen auf 80 Grad vor. Wärmen Sie zwei Teller, eine Platte und darauf ein Kuchengitter mit.

♥ Erhitzen Sie in einer Bratpfanne das Öl und die Butter. Tupfen Sie das Fleisch trocken und würzen Sie es mit dem Gewürzsalz. Bei starker Hitze rundum und an den Enden 4 bis 6 Minuten kräftig anbraten. Nehmen Sie es aus der Pfanne, tupfen Sie überschüssiges Fett ab und lassen Sie es auf dem Kuchengitter im Ofen 1 bis 1 1/2 Stunden nachziehen. Danach reduzieren Sie die Ofentemperatur auf 60 Grad.

♥ Für die Sauce löschen Sie den Bratensaft mit dem Wein ab und lassen die Flüssigkeit einkochen. Wenn sie fast verdampft ist, giessen Sie den Fond dazu und reduzieren alles auf die Hälfte. Die Sauce durch ein mit einem feuchten Mundtüchlein ausgekleidetes Sieb in eine saubere Sauteuse giessen. Fügen Sie den Sternanis bei, rühren Sie den Gin und den Rahm unter und lassen Sie die Sauce so lange köcheln, bis sie sämig ist.

♥ Kurz vor dem Servieren erhitzen Sie das Chutney und die Sauce nochmals. Entfernen Sie den Sternanis. Nehmen Sie das Filet aus dem Ofen und schneiden Sie es in nicht zu dünne Scheiben. Giessen Sie ein wenig Sauce auf die zwei vorgewärmten Teller, legen Sie das Fleisch dekorativ darauf und richten Sie das Granatapfel-Chutney daneben an. Servieren Sie das Gericht sofort. Dazu reichen Sie die restliche Sauce und Reis sowie ein Gemüse nach Belieben, zum Beispiel gedünsteten Fenchel.

PS Das ist ein Gericht, bei dem sich vieles vorbereiten lässt. Also noch genug Zeit für eine Dusche, sogar nach dem Anbraten des Fleisches.

PPS Verwenden Sie wenn möglich Korinthen. Sie sind klein und haben Biss. Zudem ist ihre dunkle Farbe sehr apart.

Rindsfilet oder Hirschentrecôte mit Rotwein-Schalotten-Sauce

Unbändiges Verlangen

Sauce:
5 Schalotten
200 ml Rotwein
100 ml Eisenkrauttee
3 EL Portwein
3 EL Rotweinessig
1 Thymianzweig
1 Rosmarinzweig
1/2 Lorbeerblatt
1 Nelke
4 zerstossene Pfefferkörner (vorzugsweise Kubebenpfeffer)
200 ml Kalbsfond
20 g kalte Butter

2 EL Olivenöl
1 EL Butter
400 g Rindsfilet oder Hirschentrecôte am Stück
Gewürzsalz (siehe Seite 146)
100 g schöne, kleine Pfifferlinge
10 g Butter
Salz, Pfeffer aus der Mühle

♥ Hacken Sie die Schalotten in Würfel und geben Sie sie in eine Chromstahlschüssel. Giessen Sie den Wein, den Eisenkrauttee, den Portwein und Essig, die Kräuter und Gewürze dazu, decken Sie die Schüssel zu und lassen Sie das Ganze über Nacht ziehen.

♥ Am nächsten Tag geben Sie die marinierten Saucenzutaten in einen Topf, kochen sie auf und reduzieren die Flüssigkeit auf ein Drittel. Geben Sie den Kalbsfond dazu und reduzieren Sie die Sauce wiederum auf die Hälfte. Alles durch ein feines Sieb in eine saubere Saucenpfanne giessen und dabei die Schalotten gut ausdrücken.

♥ Heizen Sie den Ofen auf 80 Grad vor. Stellen Sie zwei Teller, eine Platte und darauf ein Kuchengitter auf die unterste Rille.

♥ Erhitzen Sie eine Bratpfanne bei hoher Temperatur. Geben Sie die Butter und das Öl hinein und warten Sie, bis es rauchheiss ist. Würzen sie das Filet oder Entrecôte mit

Gewürzsalz, geben Sie es sofort in die Pfanne und braten Sie es je nach Dicke 4 bis 6 Minuten scharf und kräftig an. Nehmen Sie das Fleisch aus der Pfanne, tupfen Sie es mit Küchenpapier ab und lassen Sie es auf dem Kuchengitter im 80 Grad warmen Ofen 1 bis 1 1/2 Stunden nachziehen. Danach die Hitze auf 60 Grad reduzieren.

♥ Putzen Sie die Pfifferlinge sorgfältig. Erhitzen Sie die Butter und sautieren Sie die Pilze, bis sie goldbraun sind. Würzen und warm halten.

♥ Kurz vor dem Servieren erhitzen Sie die Sauce nochmals. Sobald sie zum Kochen kommt, vom Feuer nehmen und die kalte, in Stückchen geschnittene Butter darunter mischen. Nehmen Sie das Fleisch aus dem Ofen und schneiden Sie es in nicht zu dünne Scheiben. Den Fleischsaft von der Platte in die Sauce rühren. Giessen Sie etwas Sauce auf die Teller, richten Sie das Fleisch darauf an und servieren Sie es mit den sautierten Pfifferlingen. Als Beilage passen Rosmarinkartoffeln und gefüllte Zucchinirädchen.

SINNLICH IST FÜR MICH JEDE SITUATION, IN DER SICH DIE BLICKE ZWEIER LIEBENDER BEGEGNEN UND MAN DAS HERZ DES ANDEREN SIEHT. ES SIND MOMENTE VOLLER GLÜCKSELIGKEIT, DEM ANDEREN GANZ ZUGEWANDT. HARMONIE, ROMANTIK MIT KERZENLICHT UND GUTES ESSEN SIND GUTE VORAUSSETZUNGEN. IM SINNLICHEN SIND RAUM UND ZEIT UNTER KONTROLLE.

Marcos, 33 Jahre, Ingenieur

TAJINE
Balbas Bauchtanz

400 g Rindfleisch zum Schmoren
100 g Zwiebeln
1 rote Chilischote
1 Knoblauchzehe
1 TL Butter
1 EL Olivenöl
1/2 Zimtstange
1 TL Kreuzkümmel
1 TL Koriandersamen
10 Safranfäden
1 EL Tomatenpüree
1/2 l Wermuttee
1/2 l Rindsfond
Salz, Pfeffer aus der Mühle

3 EL geschälte Mandelstifte
100 g grüne Erbsen extrafein
je 1/2 Bund Petersilie, Korianderblätter und Pfefferminze
6 dünne Scheiben von einer unbehandelten Zitrone
3 EL helle Rosinen

♥ Schneiden Sie das Rindfleisch in 4 cm grosse Würfel. Die Zwiebeln fein hacken. Die Chilischote längs aufschlitzen, entkernen und in breite Streifen schneiden. Den Knoblauch entkeimen und in feine Scheiben schneiden.

♥ Erhitzen Sie die Butter und das Öl in einem schweren Schmortopf und braten Sie das Fleisch darin portionenweise kräftig an. Heben Sie es mit einem Schaumlöffel heraus. Sautieren Sie im gleichen Topf die Zwiebeln und die Chilischote, bis die Zwiebeln goldgelb sind. Geben Sie die Gewürze und den Knoblauch dazu und dünsten

Sie diese etwa 2 Minuten mit. Dann rühren Sie das Tomatenpüree unter die Zwiebelmasse und dünsten sie 3 Minuten weiter. Geben Sie das Fleich mitsamt dem angesammelten Saft zurück in den Topf. Mit dem Wermuttee und dem Rindsfond ablöschen und alles zum Kochen bringen. Würzen Sie das Tajine mit Salz und Pfeffer und lassen Sie es zugedeckt auf kleiner Hitze schmoren, bis das Fleisch weich ist. Oder Sie lassen es zugedeckt im 170 Grad heissen Ofen (Umluft 150 Grad, Gas 1 bis 2) auf der zweiten Einschubleiste von unten 3 Stunden schmoren.

♥ Unterdessen rösten Sie die Mandelstifte trocken in einer kleinen Bratpfanne unter ständigem Rühren goldbraun. Sie sollten nicht zu dunkel werden, denn sonst sind sie für Gaumen und Auge unappetitlich. Stellen Sie sie beiseite.

♥ Kochen Sie die Erbsen in gut gesalzenem Wasser (25 g Salz auf 1 l Wasser) bissfest und kühlen Sie sie sofort in eiskaltem Wasser ab. Stellen Sie sie beiseite. Die Kräuter fein hacken.

♥ Etwa 10 Minuten vor dem Servieren geben Sie die Zitronenscheiben zum Fleisch. Sollte das Gericht noch zu flüssig sein, giessen Sie die Saucenflüssigkeit in einen separaten Topf und kochen sie zur gewünschten Konsistenz. (Tun Sie dies nicht mit dem Fleisch im Schmortopf, denn das Fleisch könnte dadurch auseinander fallen.) Schmecken Sie das Gericht kräftig ab, mischen Sie die Erbsen und Rosinen unter, bringen Sie das Tajine nochmals kurz zum Kochen und streuen Sie zuletzt die gehackten Kräuter darüber. Das Tajine auf zwei vorgewärmte Teller geben und mit den Mandeln garnieren.

PS Reis ist eine klassische Beilage dazu. Gut passt zum Beispiel der Hochzeitsreis, Seite 140.

Spaghetti alla Carbonara

Il dolce far amore

150 g Pancetta oder Bratspeck
1/2 EL Olivenöl
100 ml Rahm
1 Knoblauchzehe
4 EL geriebener Pecorino romano oder Parmesan (Parmigiano Reggiano)
1 grosses Ei
1 Eigelb
Pfeffer aus der Mühle, Salz, falls nötig

250 g Spaghetti

♥ Schneiden Sie den Pancetta oder Bratspeck in 1/2 cm breite Streifen, braten Sie ihn im heissen Olivenöl knusprig und lassen Sie ihn dann auf mehreren Lagen Küchenpapier abtropfen. So bleibt er knusprig.

♥ Erwärmen Sie in einem kleinen Topf den Rahm leicht, pressen Sie den entkeimten Knoblauch hinein und geben Sie den Käse dazu. Sobald dieser schmilzt, nehmen Sie den Topf von der Herdplatte und lassen den Rahm ein wenig abkühlen. Dann rühren Sie das Ei und das Eigelb darunter und mischen alles gut. Mahlen Sie reichlich Pfeffer aus der Mühle dazu und salzen Sie die Sauce, falls nötig.

♥ Kochen Sie die Spaghetti in reichlich gut gesalzenem Wasser al dente und schütten Sie sie ab. Dann geben Sie die Spaghetti zurück in den Kochtopf, aber nicht mehr auf den Herd. Vermengen Sie Rahmmischung und den Pancetta gründlich mit den Spaghetti und verteilen Sie sie in zwei gut vorgewärmte tiefe Teller. Servieren Sie die Spaghetti alla Carbonara sofort. Dazu frisch geriebenen Pecorino oder Parmesan reichen.

PS Wir wissen es alle, Spaghetti Carbonara sind ein Klassiker der italienischen Küche. Doch dieses Gericht ist so hinreissend köstlich, dass ich es hier erwähnen muss. Natürlich sind auch die Zutaten aphrodisisch. Einzig der Speck wird in keinem Buch als Aphrodisiakum erwähnt. Aber er macht gerade den kleinen Unterschied aus, er verwandelt eine gute in eine himmlische Kombination.

PPS Apropos Spaghetti und Teigwaren: Spitzensportler essen einige Stunden vor einem Wettkampf immer eine grosse Portion Teigwaren, damit sie voller Tatkraft sind und nicht mitten drin schlapp machen. Sie werden sehen, es funktioniert auch in der Liebe ...

PPPS Pancetta ist roher, ungepökelter, in der Regel ungeräucherter Speck. Pecorino ist ein pikanter italienischer Hartkäse aus Schafmilch; der Pecorino romano aus der Region Latium lagert mindestens acht Monate, der Pecorino siciliano mindestens 4 Monate.

Erdbeeren mit Erdbeersauce, Rezept Seite 106

DESSERTS

Erdbeeren mit Erdbeersauce

Strawberry fields forever

400 g Erdbeeren
2 EL Zucker oder Akazienhonig
2 EL Erdbeerlikör oder -schnaps oder Cointreau
4 Tropfen grüne Pfefferessenz
2 Tropfen Vanilleessenz
einige Tropfen Zitronensaft
einige grüne Pfefferkörner, wenn möglich frisch (Thai-Laden)

♥ Waschen Sie die Erdbeeren. Legen Sie die 2 schönsten für die Garnitur beiseite. Die Hälfte der Erdbeeren geben Sie in einen Mixer mit der Hälfte der restlichen Zutaten ausser den grünen Pfefferkörnern und pürieren das Ganze. Wenn nötig, fügen Sie noch ein bisschen Zucker oder Zitronensaft bei. Stellen Sie die Erdbeersauce kühl.

♥ Die andere Hälfte der Erdbeeren schneiden Sie in Scheiben. Mischen Sie die zweite Hälfte der restlichen Zutaten ausser den Pfefferkörnern, bis sich der Zucker aufgelöst hat. Marinieren Sie die Erdbeerscheiben darin mindestens 30 Minuten.

♥ Kurz vor dem Servieren arrangieren Sie die Erdbeeren in 2 Dessertschalen und giessen die Erdbeersauce darüber. Garnieren Sie die Schalen mit je einer Erdbeere und den grünen Pfefferkörnern.

PS Wahre Schleckmäuler geniessen dieses Dessert mit Vanilleglace oder geschlagenem Rahm.

Champagnerköpfchen mit Mangosauce

Sugar baby

200 ml Champagner brut
100 g Zucker
3 Blatt Gelatine
1 grosse Mango
2 Himbeeren
Limonensaft
Bacardí

♥ Erwärmen Sie in einem kleinen Topf den Champagner mit dem Zucker und lassen Sie den Zucker schmelzen.

♥ Weichen Sie die Gelatine in kaltem Wasser ein, lassen Sie sie abtropfen und geben Sie sie zum warmen Champagner. Sieben Sie die Flüssigkeit durch ein feines Sieb in einen anderen Topf und lassen Sie sie abkühlen, aber nicht fest werden.

♥ Die Mango längs ober- und unterhalb des Kerns durchschneiden, das Fruchtfleisch herauslösen und in schöne Scheiben schneiden. Mit einem oder mehreren Ausstechförmchen Ihrer Wahl stechen Sie hübsche Formen aus.

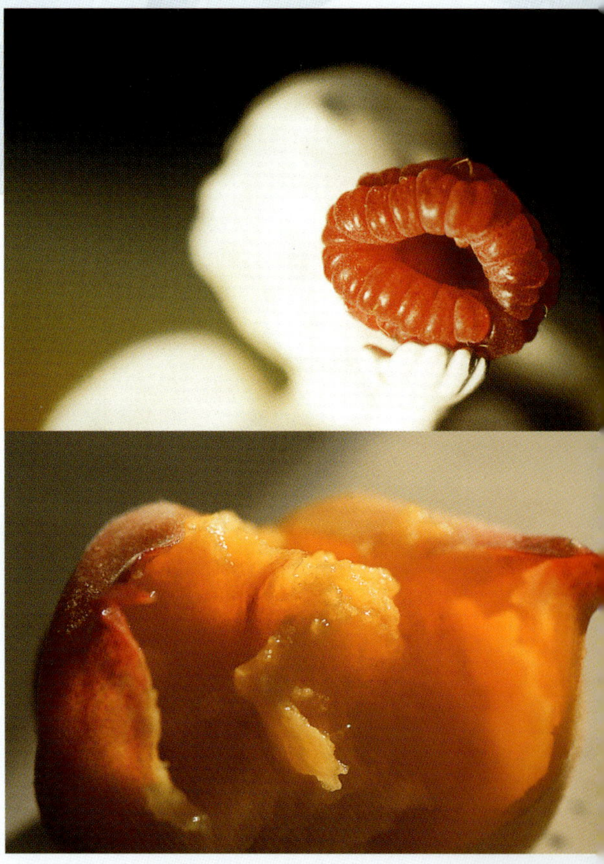

♥ Giessen Sie ein wenig von der Champagnerflüssigkeit in zwei Förmchen. Legen Sie die Himbeeren hinein und lassen Sie das Gelee fest werden. Füllen Sie wieder etwas Flüssigkeit in die Förmchen und legen Sie ein bis zwei Mangostücke hinein. Fahren Sie so fort, bis die Förmchen voll sind und die Mangostücke schichtweise im Champagnergelee festsitzen. Die Förmchen bis zum Servieren in den Kühlschrank stellen.

♥ Lösen Sie das restliche Fruchtfleisch aus den Mangos, entfernen Sie die Fäden und pürieren Sie das Fruchtfleisch fein. Parfümieren Sie die Sauce mit Limonensaft und Bacardí. Vollreife Mangos brauchen keinen Zucker.

♥ Kurz vor dem Servieren tauchen Sie die Förmchen kurz in heisses Wasser und stürzen sie auf zwei Teller. Giessen Sie die Sauce rund um die Köpfchen und garnieren Sie die Teller mit einigen Früchten je nach Saison.

PS Falls die Champagnerflüssigkeit zu früh zu erstarren beginnt, lassen Sie sie bei milder Hitze wieder flüssig werden.
Je nach Lust, Laune und Saison verwenden Sie andere Früchte, zum Beispiel Himbeeren, Erdbeeren, Melonen, Papayas, Bananen. Auch die Fruchtsauce können Sie beliebig variieren.

PPS Die angebrochene Flasche Champagner trinken Sie zum Auftakt des Abends oder zum Dessert.

ICH LIEGE IN DER BADEWANNE. DAS WASSER IST WARM UND WEICH. DAS ESSEN IST SCHON IM OFEN, DER CHAMPAGNER KÜHL GESTELLT. B. IST NOCH IM TRAINING, WIRD ABER BALD FRISCH GEDUSCHT HEIMKOMMEN. MEIN KÖRPER KRIBBELT, DAS HERZ HÜPFT ...

Melanie Gut, 27 Jahre, Dentalhygienikerin

EXOTISCHE FRUCHTSUPPE

Schmetterlinge im Bauch

Fruchtsuppe:
10 g Zucker
150 ml Wasser
200 ml Sauternes (süsser Dessertwein)
1 Zweig Pfefferminze
1 Gewürznelke
1 Sternanis
Zesten von 1 Limone, nach Belieben
Zesten von 1 Zitrone
1/2 Vanillestange
2 dünne Scheiben Ingwer
1 Tropfen Ingweressenz
1 Messerspitze Ginsengpulver
2 Muskatblüten
1/2 TL Kardamom
1 Blatt Gelatine

1 kleine Papaya
4–6 Lychees
4–6 Erdbeeren
1 Kiwi
2 Passionsfrüchte
1/2 Bund frische Pfefferminze

♥ Geben Sie alle Zutaten für die Suppe in einen Topf, kochen Sie alles auf und rühren Sie, bis sich der Zucker aufgelöst hat. Lassen Sie die Suppe knapp unter dem Siedepunkt 15 Minuten ziehen.

♥ Weichen Sie die Gelatine in kaltem Wasser ein. Geben Sie die Gelatine zur heissen Suppe und lassen Sie die Suppe abkühlen.

♥ Inzwischen schälen Sie die Papaya und schneiden das Fleisch in gleichmässige Stücke. Schälen und entsteinen Sie die Lychees. Waschen Sie die Erdbeeren und entfernen Sie die Blätter. Grosse Erbeeren halbieren. Schälen Sie die Kiwi und schneiden Sie sie in dünne Scheiben. Halbieren Sie die Passionsfrüchte und lösen Sie den Inhalt mit einem Löffel heraus. Verteilen Sie die Früchte gleichmässig auf zwei Teller. Wenn die Suppe kühl, aber noch nicht so kalt ist, dass die Gelatine zu ziehen beginnt, giessen Sie sie durch ein feines Sieb über die Früchte. Alles im Kühlschrank mindestens 3 Stunden durchziehen lassen.

♥ Kurz vor dem Servieren garnieren Sie die Teller mit einigen Pfefferminzblättchen.

PS Ein herrlich leichtes, verführerisches Dessert. Falls Sie es lieber etwas substanzieller mögen, servieren Sie dazu Vanillerahm oder -glace oder noch besser Ingwerglace. Dazu trinken Sie ein Glas des angebrochenen Sauternes.

Mandelherz mit Amarettosauce

Will in love

Mandelherz:

1/4 l Milch
3 EL Mandelpüree
2 EL Zucker
2 Blatt Gelatine
2–3 Tropfen Mandelessenz (Oetker usw.)
100 ml Rahm

Amarettosauce:

40 g Zucker
100 ml heisses Wasser
2–4 EL Amaretto

Garnitur:

2–4 Naturdatteln
2–4 Amaretti, je nach Grösse
4 EL Amaretto

♥ Geben Sie die Milch, das Mandelpüree und den Zucker in einen Topf und bringen Sie alles langsam zum Kochen. Dabei ständig rühren, denn das Mandelpüree setzt sich gerne am Boden ab und verbrennt leicht. Sobald die Milch gekocht hat, stellen Sie den Herd ab und lassen Sie den Topf 15 Minuten stehen. Dabei ab und zu durchrühren. Giessen Sie die Milch durch ein feines Sieb und drücken Sie das Mandelpüree dabei gut aus. Sie sollten 200 ml Mandelmilch haben.

♥ Weichen Sie die Gelatineblätter in kaltem Wasser ein. Geben Sie die Mandelmilch in einen sauberen Topf und kochen Sie sie wieder auf. Geben Sie die eingeweichten Gelatineblätter unter Rühren zur Milch. Fügen Sie die Mandelessenz tropfenweise zu. Giessen Sie die Milch wieder durch ein Sieb in eine Schüssel und lassen Sie sie abkühlen, bis die Masse am Rande leicht fest wird.

♥ Schlagen Sie den Rahm steif und heben Sie ihn sorgfältig unter die Mandelmasse.

♥ Spülen Sie zwei Förmchen von zirka 200 ml Inhalt kalt aus und giessen Sie die Mandelmasse hinein. Im Kühlschrank fest werden lassen.

♥ Für die Sauce lassen Sie in einem Chromstahltopf den Zucker bei mässiger bis hoher Hitze aufschäumen und eine mittelbraune Farbe annehmen. Sobald er leicht zu schäumen beginnt, löschen Sie ihn mit dem Wasser ab und kochen die Flüssigkeit sirupartig ein. Geben Sie den Amaretto zu und rühren Sie gut um. Stellen Sie die Sauce bis zur Verwendung beiseite.

♥ Schlitzen Sie die Datteln der Länge nach auf und entfernen Sie die Kerne. Hacken Sie die Amaretti mit einem Brotmesser in grobe Stücke. Marinieren Sie diese im Amaretto, bis sie vollgesaugt sind. Füllen Sie die Datteln mit der Amaretto-Amaretti-Mischung.

♥ Kurz vor dem Servieren stellen Sie die Mandelförmchen für einen Moment in heisses Wasser und stürzen Sie sie dann auf zwei Teller. Giessen Sie die Amarettosauce um die Herzen und garnieren Sie die Teller mit den gefüllten Datteln.

PS Die Zubereitung des Karamells für die Sauce ist einfach und trotzdem heikel. Wenn Sie den Zucker nicht lange genug karamellisieren, hat er keinen typischen Karamellgeschmack. Und wenn Sie ihn zu dunkel werden lassen, wird er bitter.

PPS Beim Mandelherz handelt es sich um das klassische Blancmanger, einem der ältesten Süssspeisen überhaupt. Bevor man Gelatine kannte, benutzte man geriebenes Hirschgeweih als Geliermittel. In einigen Kulturen gilt Hirschgeweih als Aphrodisiakum erster Güte.

Mandelpüree ist ein hochwertiges Naturprodukt, das Sie im Reformhaus finden. Falls Sie keines zur Hand haben, gehen Sie folgendermassen vor: Blanchieren Sie 60 g ganze Mandeln und schälen Sie sie, indem Sie die Kerne aus der Haut pressen. Mahlen Sie die Mandeln. Kochen Sie dieses Mehl mit 300 ml Milch auf, reduzieren Sie die Hitze und lassen Sie alles zugedeckt 30 Minuten weiterköcheln. Rühren Sie die Masse hin und wieder auf. Giessen Sie die Mandelmilch durch ein feines Sieb und drücken Sie dabei die Mandelmasse gut aus. Nun sollten Sie 200 ml Mandelmilch haben. Geben Sie 2 Esslöffel Zucker dazu. Das restliche Vorgehen ist dasselbe wie oben.

Rotweinpflaumen mit Vanille-Zimt-Glace

Until I can do no more

600 g entsteinte Dörrpflaumen
750 ml Rotwein
300 g Zucker
1 Zimtstängel
2 Gewürznelken
1 Sternanis
4 Kardamomsamen
1 Allspice
4 ungeschälte Scheiben Ingwer
1 Päckchen Vanillezucker

2 Portionen Vanilleglace
Zimtpulver nach Belieben
Pfefferminz- oder Zitronenmelissenblätter

♥ Geben Sie die Dörrpflaumen in ein sauberes Steingut- oder Glasgefäss. Kochen Sie den Wein mit dem Zucker und allen Gewürzen auf. Lassen Sie den Sud im Topf erkalten. Dann giessen Sie ihn über die Pflaumen und lassen alles 2 Tage stehen.

♥ Giessen Sie den Sud in einen Topf und kochen Sie ihn erneut auf. Lassen Sie ihn wieder erkalten, bevor Sie ihn über die Pflaumen giessen. Lassen Sie alles wiederum 2 Tage ruhen. Wiederholen Sie diese Prozedur drei bis vier Mal, bis sich kein Schaum mehr bildet. Die Pflaumen sollten vollständig mit der Flüssigkeit bedeckt sein. Verschliessen Sie das Gefäss gut und lassen Sie die Pflaumen mindestens 2 Monate an einem kühlen Ort, zum Beispiel im Keller oder im Weinkeller, ruhen.

♥ Tauen Sie die Glace leicht an und mischen Sie Zimtpulver nach Ihrem Geschmack gut darunter. Stellen Sie das Eis zurück in den Tiefkühler.

♥ Kurz vor dem Servieren arrangieren Sie 3 bis 4 Rotweinpflaumen mit Sauce auf zwei Tellern, stechen mit einem Glaceproportionierer,

den Sie immer wieder in heisses Wasser tauchen, zwei Kugeln Glace aus und geben Sie diese zu den Rotweinpflaumen. Garnieren Sie die Teller mit Pfefferminz- oder Zitronenmelisseblättern.

PS Die angegebene Menge Dörrpflaumen reicht natürlich für mehr als ein Dessert für zwei Personen.

Ein kleiner Nachteil ist, dass Sie die Pflaumen lange im Voraus zubereiten müssen, der riesengrosse Vorteil auf der anderen Seite, dass Sie mit einem Vorrat von eingelegten Pflaumen nie in Verlegenheit bezüglich eines Desserts kommen. Die Pflaumen sind sehr lange haltbar und werden sogar immer besser. Falls Ihnen die Rotweinsauce ausgeht, kochen Sie einfach Rotwein nach Bedarf mit ein bisschen Zucker auf und mischen ihn sorgfältig unter die Pflaumen.

Anstelle von Dörrpflaumen können Sie auch frische Zwetschgen verwenden. Dazu schneiden Sie von einem Korken eine 2 cm dicke Scheibe ab und stechen einige Stecknadeln hindurch. Mit diesem «Nadelkissen» stechen Sie die gewaschenen Zwetschgen rund herum ein. Damit kann die Sauce in das Fruchtfleisch eindringen und zugleich verhindern Sie, dass die Haut platzt. Eingelegte frische Zwetschgen sind nur beschränkt haltbar.

Statt der Glace können Sie auch nur einen aromatisierten Schlagrahm dazu servieren: Schlagen Sie 100 ml Rahm steif, zuckern und parfümieren Sie ihn mit Vanillezucker und / oder Zimt.

Mohnparfait mit betrunkenen Feigen

Moonlight shadow

Feigen:

1/4 l guter Rotwein
100 ml Portwein
40 g Akazienhonig
1/4 Zimtstange
1/2 Vanillestängel
1 Sternanis
2 schwarze Pfefferkörner
2 Kubeben, nach Belieben
1 Gewürznelke
1 Wacholderbeere
1/2 TL Muskatblüte
2 schöne reife Feigen

Mohnparfait:

50 ml Milch
1/2 Vanillestängel
25 g Mohnsamen
10 g heller Honig
1 Eigelb
25 g heller Honig
100 ml Rahm
1 Eiweiss
15 g Zucker

♥ Für die betrunkenen Feigen kochen Sie alle Zutaten ausser den Feigen in einem Topf auf. Dann alles zugedeckt 20 Minuten ziehen lassen, so dass die Gewürze ihr Aroma abgeben. Halbieren Sie die Feigen und pochieren Sie sie etwa 6 Minuten im Rotweinsud. Heben Sie die Feigen auf einen Teller.

♥ Giessen Sie den Rotweinsud durch ein feines Sieb, geben Sie ihn zurück in den Topf und kochen Sie ihn bei starker Hitze sirupartig ein. Beträufeln Sie die Feigen mit wenig Sauce und lassen Sie die restliche Sauce auskühlen.

♥ Für das Parfait kochen Sie die Milch zusammen mit dem Vanillestängel und den Mohnsamen auf und lassen sie 10 Minuten köcheln, bis sie fast vollständig verdampft ist. Mischen Sie den Honig darunter und lassen Sie die Mohnmasse auskühlen.

♥ Schwingen Sie das Eigelb mit den 25 g Honig auf, bis die Masse hell und luftig ist. Geben Sie die Mohnmasse dazu und mischen Sie alles gründlich, aber sorgfältig.

♥ Schlagen Sie den Rahm steif. In einer zweiten Schüssel schlagen Sie das Eiweiss steif, geben den Zucker dazu und schlagen kurz weiter. Ziehen Sie zuerst den Rahm und dann das Eiweiss sorgfältig unter die Mohnmasse. Füllen Sie damit zwei Förmchen von zirka 150 ml Inhalt und lassen Sie das Parfait gefrieren.

♥ Kurz vor dem Servieren tauchen Sie die tiefgefrorenen Parfaitförmchen kurz in heisses Wasser und stürzen sie auf ein Brett. Für einen Moment zurück in den Tiefkühler geben.

♥ Richten Sie die betrunkenen Feigen dekorativ auf zwei gekühlten Tellern an und giessen Sie ein wenig von der Sauce über die Früchte. Setzen Sie die Parfaits mit einem Spachtel auf die Teller. Wenn Sie wollen, garnieren sie die Teller noch mit einem Pfefferminz- oder Zitronenmelissenblatt.

PS Parfaits haben die Eigenschaft, schnell zu schmelzen. Deshalb sollte die Zeit vom Tiefkühler bis zum Tisch so kurz wie möglich gehalten werden.

PPS Mohn ist zwar ein hervorragendes Aphrodisiakum, der Anblick von Mohnsamen zwischen den Zähnen aber das Gegenteil. Halten Sie deshalb Zahnstocher griffbereit.

Honigschaumeis mit Himbeersauce und Granatapfel

Honeymoon

Krokant:
20 g Honig
40 g geschälte Mandeln

Honigschaumeis:
1 Eigelb
50 g Honig
1/4 Vanillestängel
100 ml Rahm
1 Eiweiss
1/2 EL Zucker

Himbeersauce
250 g Himbeeren
40 g Puderzucker
wenig Zitronensaft

2 EL Granatapfelkerne
einige Himbeeren
1 Sternfrucht (Karambole)
einige Rosenblätter, nach Belieben

♥ Für den Krokant lassen Sie den Honig in einem Chromstahlpfännchen warm werden. Geben Sie die Mandeln dazu und glasieren Sie diese bei mässiger Hitze so lange, bis sie ein schönes Goldbraun angenommen haben. Zum Erkalten auf einem Backpapier ausbreiten. Wenn die Mandeln abgekühlt sind, geben Sie sie in einen Plastikbeutel und zerkleinern sie mit dem Wallholz zu Krokant.

♥ Für das Honigeis schlagen Sie Eigelb und Honig zusammen mit dem Vanillestängel im Wasserbad heiss und schaumig. Dann stellen Sie die Schüssel in ein kaltes Wasserbad und schlagen die Masse weiter, bis sie abgekühlt ist. Schlagen Sie den Rahm steif und ziehen Sie ihn unter die Honigmasse. Schlagen Sie auch das Eiweiss steif, fügen Sie den Zucker hinzu und schlagen Sie den Eischnee kurz weiter. Ziehen Sie den Eischnee sorgfältig unter die Masse. Zum Schluss den Krokant darunter mischen. Füllen Sie die Masse in zwei hübsche Förmchen und lassen Sie sie gefrieren.

♥ Für die Himbeersauce mischen Sie die Himbeeren mit Puderzucker und Zitronensaft und lassen sie etwa 30 Minuten ziehen. Dann pürieren Sie alles und streichen es durch ein feines Sieb. Nach Belieben die Sauce mit 1 Esslöffel Himbeergeist parfümieren.

♥ Kurz vor dem Servieren stürzen Sie die gefrorenen Honigparfaits auf zwei Teller, giessen die Himbeersauce dazu und garnieren die Teller mit Granatapfelkernen, Himbeeren, der aufgeschnittenen Sternfrucht und nach Belieben einigen Rosenblättern.

PS Die Himbeersauce passt zu vielen Desserts wie verschiedenen Mousses, Panna cotta oder Blancmanger.

PPS Nach Belieben können Sie die Granatapfelkerne in der Himbeersauce marinieren.

Schokoladenmarquise mit Orangensauce

Naughty but nice

Für 10–14 Portionen

Orangensauce:
200 ml frisch gepresster Orangensaft
1–2 EL Zucker
2 EL Bitterorangenkonfitüre (Marmelade)
1 Tropfen Orangenessenz
2 EL Cointreau

«Biskuit»:
170 g Zartbitterschokolade (z. B. Valrhona)
3 EL starker Kaffee
1 EL Guaranapulver
5 Eier, getrennt
125 g Zucker

Schokoladenmousse:
300 ml Doppelrahm
50 g Puderzucker
300 g Zartbitterschokolade
100 g Butter
2 EL Cointreau
5 Eier, getrennt
50 g Zucker

1 Paket hauchdünne Schokoladentäfelchen, wenn möglich mit Orangenaroma
6 Kapstachelbeeren (Physalis)

♥ Kochen Sie in einem Topf den Orangensaft mit dem Zucker und der Konfitüre auf und lassen sie alles bei schwacher Hitze zu einer leicht dicklichen Sauce köcheln. Die Orangenessenz und den Cointreau dazugeben. Sie können die Sauce problemlos 2 Tage im Voraus zubereiten.

• Kleiden Sie eine kleine Cake- oder Terrinenform (von ca. 25 x 8 cm) mit Frischhaltefolie aus. Heizen Sie den Ofen auf 200 Grad vor und belegen Sie ein Blech mit Backpapier.

• Schmelzen Sie die Schokolade mit dem Kaffee im Wasserbad und geben Sie das Guaranapulver dazu. Achten Sie darauf, dass das Guarana sich vollständig mit der Schokolade vermischt. Die geschmolzene Schokolade abkühlen lassen und dabei hin und wieder rühren. Schlagen Sie die Eigelbe mit dem Zucker, bis die Masse hell und luftig ist. Die Schokolade unter die Eigelbmasse mischen. Schlagen Sie das Eiweiss in einer sauberen Schüssel sehr steif und heben Sie es sorgfältig unter die Schokoladenmasse. Nun streichen Sie die Masse auf das vorbereitete Blech und backen sie zirka 10 Minuten im vorgeheizten Ofen. Aus dem Ofen nehmen und auskühlen lassen, am besten unter dem umgekehrten Blech, damit das Biskuit nicht austrocknet. Schneiden Sie daraus 4 Rechtecke in der Grösse der Cake- oder Terrinenform zu.

• Für die Mousse schlagen Sie den Doppelrahm mit dem Puderzucker schaumig. Schmelzen Sie die Schokolade zusammen mit der Butter und dem Cointreau im Wasserbad und lassen Sie sie abkühlen. Schlagen Sie die Eigelbe mit dem Zucker, bis sie hell und luftig sind. Dann geben Sie die geschmolzene Schokolade dazu und heben den Rahm darunter. In einer sauberen Schüssel schlagen Sie das Eiweiss sehr steif und heben es sorgfältig unter die Schokoladenmousse.

• Verstreichen Sie einen Viertel der Mousse auf dem Boden der Form. Geben Sie eine Lage Biskuit darauf und belegen Sie diese mit einer Lage Schokoladentäfelchen. Nun folgen wiederum im Wechsel Mousse, Biskuit und Schokoladentäfelchen, bis Sie von jedem vier Schichten haben. Bedecken Sie die Marquise mit Folie und lassen Sie sie vollständig durchkühlen.

• Kurz vor dem Servieren stürzen Sie die Marquise auf eine Platte und schneiden sie mit einem in heisses Wasser getauchten Messer in dünne Scheiben. Arrangieren Sie die Scheiben auf zwei Tellern, giessen Sie die Orangensauce rundherum und garnieren Sie die Teller mit einigen Physalis.

PS Sie können natürlich jede Bitterschokolade verwenden, aber Valrhona ist die beste. Valrhona-Schokolade bekommen Sie in gut sortierten Lebensmittelabteilungen von Warenhäusern.

PPS Dieses Rezept ist ziemlich aufwendig, deshalb lohnt sich die Zubereitung für 2 Personen kaum. Laden Sie daher entweder Ihre Schwiegereltern dazu ein oder gefrieren Sie die Schokoladenmarquise portionenweise tief.

Calvadossoufflé im Apfel mit Apfelweinsabayon

Gates of Eden

1 TL Butter
1 TL Zucker
1 TL Zitronensaft
1 TL Calvados
2 grosse, weiche Äpfel, z. B. Golden Delicious

Garnitur:
1 Apfel
1 TL Butter
1 EL Zucker

Souffléfüllung:
1 Eigelb
1 EL Zucker
1 Tropfen Zitronenessenz
1 EL Calvados
2 Eiweiss
1 EL Zucker

Sabayon:
2 Eigelb
1 EL Zucker
100 ml Apfelwein
1 EL Calvados

Puderzucker
einige Blätter vom Apfelbaum nach Belieben

• Schmelzen Sie in einem kleinen Topf die Butter mit dem Zucker und geben Sie den Zitronensaft und den Calvados dazu.

• Schneiden Sie von den Äpfeln das obere Drittel weg und den Boden so zurecht, dass sie gerade stehen. Höhlen Sie die Äpfel mit

einem Kaffeelöffel aus. Die Wanddicke soll 7 bis 8 mm betragen. Achten Sie darauf, dass am Boden kein Loch entsteht. Bepinseln Sie die Innen- und Aussenseite der Äpfel mit der Butter-Zucker-Mischung. Die Äpfel, mit Plastikfolie bedeckt, kühl stellen.

♥ Für die Garnitur schälen Sie den Apfel und stechen mit einem Kugelausstecher (Pariserlöffel) kleine, hübsche Kugeln aus. Schmelzen Sie die Butter und den Zucker in einer kleinen Pfanne und glasieren Sie die Kugeln darin zirka 3 Minuten. Mit Folie bedeckt kühl stellen.

♥ Heizen Sie den Ofen auf 190 Grad vor und belegen Sie ein Blech mit Backpapier.

♥ Für die Füllung schlagen Sie in einer Schüssel das Eigelb mit dem Zucker, bis die Masse hell und luftig ist. Geben Sie die Zitronenessenz und den Calvados bei. Schlagen Sie das Eiweiss steif, dann geben Sie den Zucker bei und schlagen es weiter, bis es sehr steif ist. Zuerst ein Viertel des Eischnees unter die Eigelbmischung mischen, dann den restlichen Eischnee sehr sorgfältig darunter heben.

♥ Nehmen Sie die ausgehöhlten Äpfel aus dem Kühlschrank und füllen Sie sie mit der Soufflémasse. Formen Sie diese zu einer Wölbung, die der ursprünglichen Apfelform entspricht. Die Äpfel auf das vorbereitete Blech geben und für 10 bis 12 Minuten in den vorgeheizten Ofen schieben.

♥ Inzwischen bereiten Sie den Sabayon zu: Geben Sie die Eigelbe und den Zucker in eine kleine Rührschüssel, die Sie für das Wasserbad benützen können. Schlagen Sie die Zutaten mit einem Schwingbesen schaumig und hell. Schwingen Sie über dem Wasserbad den Calvados in die Ei-Zucker-Mischung und schlagen Sie den Sabayon 5 bis 7 Minuten schaumig und luftig. Sie können den Sabayon 10 Minuten im Voraus zubereiten. Schlagen Sie ihn dazu so lange weiter, bis er kalt ist, und rühren Sie ihn danach gelegentlich, damit er nicht gerinnt.

♥ Giessen Sie einen Spiegel Sabayon auf zwei Dessertteller und verteilen Sie die karamellisierten Apfelkugeln und die Apfelblätter dekorativ darauf. Sobald die Äpfel souffliert sind, nehmen Sie sie aus dem Ofen und platzieren sie in der Mitte der Teller. Servieren Sie das Dessert sofort, denn Soufflés haben die Eigenschaft, sehr bald in sich zusammenzufallen.

PS Ein bisschen komplizierter, aber auch um ein Vielfaches köstlicher als der berühmte Apfel vom Baum des Paradiesgartens. Dieses Dessert eignet sich vor allem für Verliebte, die ihre Leidenschaft auch in der Küche beim gemeinsamen Kochen teilen.

GUARANA-SCHOKOLADEN-HERZEN

Como agua para chocolate

250 g Zucker
6 Eier
1 EL natürlicher Vanillezucker
250 g Couverture oder dunkle Schokolade
150 g Butter
100 g gemahlene Haselnüsse
100 g gemahlene Mandeln
1 EL Kirsch
1 TL Currypulver
1 EL Guaranapulver
1 Prise Salz

Glasur:
100 ml Aprikosenkonfitüre
100 g Couverture oder dunkle Schokolade
10 Butter
1 EL Kirsch
ca. 4 EL Mandelblätter

Am besten backt man den Kuchen 2 bis 3 Tage im Voraus. Er lässt sich einerseits so am besten weiterverarbeiten und er schmeckt auch viel besser.

♥ Streichen Sie eine Form (etwa 30 x 24 cm) mit Fett oder Butter aus, schneiden Sie ein Backpapier zurecht und legen Sie die Form damit aus. Heizen Sie den Backofen auf 160 Grad vor.

♥ Rühren Sie den Zucker mit den Eiern und dem Vanillezucker schaumig. Schmelzen Sie die Schokolade und ziehen Sie sie darunter. Lassen Sie die Butter zergehen und fügen Sie sie ebenfalls bei. Dann geben Sie die restlichen Zutaten dazu und mischen alles gut. Die Masse sollte zähflüssig sein.

♥ Giessen Sie den Teig in die vorbereitete Form und backen Sie den Kuchen 55 bis 60 Minuten auf der untersten Rille im vorgeheizten Ofen. In der Form auskühlen lassen und im Kühlschrank aufbewahren. Vor dem Glasieren mindestens 1 Stunde Zimmertemperatur annehmen lassen.

♥ Stechen Sie mit einem Herzausstecher von etwa 10 cm Durchmesser zwei Herzen aus.

♥ Erwärmen Sie die Aprikosenkonfitüre in einem kleinen Topf damit sie flüssig wird, und streichen Sie sie anschliessend durch ein feines Sieb.

♥ Bestreichen Sie die Schokoladenherzen zuerst oben, dann auf den Seiten mit der flüssigen Konfitüre. Die Poren werden dadurch geschlossen und die Törtchen lassen sich leichter glasieren.

♥ Lassen Sie die Schokolade zusammen mit der Butter und dem Kirsch schmelzen. Glasieren Sie die Herzen damit. Damit die Glasur schön glatt wird, sollte man sie nicht verstreichen, sondern mit langsamen Kippbewegungen verteilen. Rösten Sie die Mandelblätter in einer trockenen Bratpfanne goldbraun. Sobald sie ausgekühlt sind, zerkleinern Sie sie etwas in der Handfläche und bedecken Sie die Ränder der Herzen mit den Mandelblättern.

PS Die Guarana-Schokoladen-Herzen sind ein üppiges Dessert. Als aparten Kontrast zum süssen Kuchen könnten Sie eine Himbeersauce (siehe Seite 114, Rezept Honigschaumeis) servieren.

PPS Die Guarana-Schokoladen-Torte lässt sich gut vorbereiten und tiefgefrieren.

INGWER-QUARK-TORTE

Ruhe nach dem Sturm

Süsser Mürbeteig:
250 g Mehl
75 g Zucker
1 Prise Salz
2 Eigelb
1–2 EL Rahm
1 Tropfen Zitronenessenz
175 g Butter

Ingwer-Quark-Füllung:
1 EL kristallisierter Ingwer
300 g Rahmquark
150 g Zucker
1 TL Zitronensaft
2 Eier
je 1 Tropfen Ingwer-, Vanille- und Zitronenessenz

2 EL Zucker
150 g Sauerrahm (Crème fraîche)
1 EL kristallisierter Ingwer

einige Scheiben kristallisierter Ingwer
2 Zweiglein Zitronenmelisse

♥ Sieben Sie das Mehl auf die Arbeitsfläche. Mischen Sie den Zucker und das Salz darunter. Vermengen Sie das Eigelb mit dem Rahm und der Zitronenessenz. Schneiden Sie die kalte Butter in kleine Stückchen und verreiben Sie mit den Fingerspitzen das Mehl mit der Butter zu einem krümeligen Teig. Geben Sie die Eirahmmischung dazu und arbeiten Sie alles ganz kurz zu einem weichen Teig. Den Teig in Plastikfolie wickeln und mindestens 30 Minuten kühl stellen.

♥ Buttern und mehlen Sie eine Springform von 18 cm Durchmesser.

♥ Wallen Sie etwa einen Drittel des Teiges direkt auf dem Boden der Springform aus. Den restlichen Teig zu einer langen Rolle formen. Befeuchten Sie den Teigboden am Rand mit Wasser oder Eiweiss. Legen Sie die Teigrolle darauf und ziehen Sie den Teig am Rand gleichmässig hoch. Falls der Teig reisst, können Sie die Löcher leicht mit Wasser oder Eisweiss wieder schliessen. Die mit dem Teig ausgekleidete Form 1 Stunde in den Kühlschrank stellen.

♥ Heizen Sie den Ofen auf 180 Grad vor. Schneiden Sie Backpapier in der Grösse der Springform aus. Legen Sie das Papier auf den Teigboden und stechen Sie mit einer Gabel Löcher, so dass die Feuchtigkeit entweichen kann. Belegen Sie das Backpapier mit Trockenerbsen. Backen Sie den Teigboden 15 Minuten auf der untersten Rille im vorgeheizten Ofen. Die Form aus dem Ofen nehmen und ein wenig abkühlen lassen; der Teig ist sonst zu weich. Entfernen Sie die Erbsen und das Backpapier und backen Sie den Teigboden weitere 10 Minuten, bis er schön goldig ist. Aus dem Ofen nehmen, aber in der Form lassen. Reduzieren Sie die Ofentemperatur auf 150 Grad.

♥ Für die Füllung den kristallisierten Ingwer reiben. Mischen Sie Quark, Zucker, Zitronensaft, den geriebenen Ingwer, die Eier und die Essenzen gründlich miteinander. Verteilen Sie die Füllung auf dem vorgebackenen Teigboden. Backen Sie die Torte im Ofen etwa 30 Minuten, bis die Füllung fest ist.

♥ Unterdessen rühren Sie die 2 Esslöffel Zucker unter den Sauerrahm, bis sich der Zucker aufgelöst hat. Schneiden Sie die Ingwerwürfel in kleinste Würfel und mischen Sie sie darunter. Die Sauerrahmmischung auf die fertig gebackene Torte streichen; der Sauerrahm sollte sich nicht mit der Füllung vermischen. Stellen Sie die Torte in den ausgeschalteten, aber noch heissen Ofen und lassen Sie sie abkühlen, bevor Sie sie in den Kühlschrank stellen. Sie muss kalt serviert werden.

♥ Kurz vor dem Servieren nehmen Sie die Torte aus der Form. Servieren Sie sie ganz auf einer Tortenplatte oder in Stücke geschnitten. Garnieren Sie sie mit einigen kristallisierten Ingwerscheiben und einem Zweiglein Zitronenmelisse.

PS Übrig gebliebenen Teig können Sie problemlos tiefgefrieren.

TIRAMISU SPECIALE

Ciao bello

300 ml sehr starker, gesüsster Kaffee
3–4 EL Tia Maria oder Grand Marnier
2 ganz frische Eigelb
50 g Puderzucker
1/2 Orange, nur dünn abgeriebene Schale und 1 TL Saft
1/2 Zitrone, nur dünn abgeriebene Schale und 1 TL Saft
250 g Mascarpone
2 Tropfen Orangenessenz
2 Tropfen Zitronenessenz
2 Eiweiss
50–80 g hauchdünne Schokoladentäfelchen mit Orangenaroma
180 g Löffelbiskuits

Dunkle Schokolade oder Schokoladen- oder Kakaopulver zum Bestreuen

♥ Bereiten Sie den Kaffee zu, süssen Sie ihn und lassen Sie ihn erkalten. Mischen Sie den Likör unter den Kaffee. Rühren Sie die Eigelbe zusammen mit dem Puderzucker, bis die Masse hell und schaumig ist. Geben Sie den Mascarpone und die Orangen- und Zitronenschale, deren Säfte und die beiden Essenzen dazu. Vermengen Sie alles sehr gut.

♥ Schlagen Sie die Eiweisse zu steifem Schnee und ziehen Sie ihn sorgfältig unter die Mascarponemasse. Geben Sie die Schokoladentäfelchen in einen Plastiksack und zerbröckeln Sie diese vorsichtig mit dem Wallholz in kleine Stücke.

♥ Belegen Sie eine schöne Form dicht mit einer Schicht Löffelbiskuits. Tränken Sie diese mit der Hälfte der Kaffeeschnapsmischung. Streuen Sie die Hälfte der zerbrochenen Schokoladentäfelchen über die Biskuits und drücken Sie sie leicht an. Geben Sie die Hälfte der Mascarponecreme darüber und streichen Sie sie glatt. Tränken Sie die restlichen Biskuits nacheinander in der Kaffeemischung und legen Sie diese dicht nebeneinander auf die Creme. Die restlichen zerbröckelten Schokoladentäfelchen darüber streuen und leicht andrücken. Am Schluss kommt die restliche Mascarponecreme darauf. Streichen Sie die Masse glatt und stellen Sie die Form einige Stunden oder über Nacht kalt.

♥ Kurz vor dem Servieren raffeln Sie dunkle Schokolade über das Tiramisu oder Sie streuen Schokoladen- oder Kakaopulver darüber. Servieren Sie das Tiramisu in der Form.

PS Die Mengenangabe ist eher für 3 bis 4 Personen berechnet.

GETRÄNKE

CHAMPAGNERCOCKTAIL MIT GUARANA

Suleikas Augenaufschlag

100 ml frischer Granatapfelsaft (ca. 1 Granatapfel)
2 Messerspitzen Guarana
2 cl Grenadinesirup
4 cl Cointreau
Champagner

♥ Pressen Sie den Granatapfel wie eine Orange aus. Achten Sie darauf, dass alle Kerne geplatzt sind, denn dort verbirgt sich der feine Saft. Wenn nötig, helfen Sie mit einem Kaffeelöffel nach. Sieben Sie den Saft durch.

♥ Mischen Sie den Granatapfelsaft gut mit dem Guarana, dem Grenadinesirup und dem Cointreau und giessen Sie die Mischung in zwei Gläser. Füllen Sie die Gläser mit Champagner auf und dekorieren Sie den Cocktail mit einem Früchtchen.

GUARANA-FLIP

Mighty M.

1 EL Guarana
1 TL Honig
10 cl Cognac
4 cl Rahm
2 ganz frische Eigelb

♥ Vemischen Sie den Honig mit dem Guarana. Geben Sie alle Zutaten in einen Shaker mit einigen Eiswürfeln. Gut durchschütteln. Seihen Sie den Inhalt in zwei kleine Sektgläser.

Ohne Alkohol: Anstelle des Cognacs verwenden Sie Mangosaft.

GALLIANOCOCKTAIL 1999

Ruth's Special

8 cl Ginsengelixier (siehe Seite 127)
6 cl Galliano
6 cl Ananassaft
6 cl Rahm
1 TL Gelée Royale pur

♥ Schütteln Sie alle Zutaten in einem Shaker und seihen Sie den Inhalt in zwei Cocktailgläser.

GALLIANOCOCKTAIL 1974

Midnight rambler

8 cl Wodka
6 cl Galliano
2 cl Cointreau
½ TL Zitronensaft
200 ml Orangensaft

♥ Geben Sie die Zutaten in einen Shaker mit einigen Eiswürfeln. Schütteln Sie den Shaker gut und seihen Sie den Inhalt in zwei Longdrinkgläser.

DAMIANACOCKTAIL

Crush on you

2-mal 2 cl Damianaelixier (siehe Seite 126)
2-mal 2 cl Cointreau
je 1 Tropfen Orangenessenz
Champagner

♥ Geben Sie das Damianaelixier und den Cointreau in zwei hohe Gläser und rühren Sie die Mischung mit einem Cocktailstab leicht um. Füllen Sie die Gläser mit Champagner auf und dekorieren Sie den Drink mit einem Stück Frucht.

PS Geniessen Sie diesen Cocktail zum Aperitif oder wann immer Sie in der Stimmung sind.

PPS Für Liebhaber süsser Getränke rühren Sie ein wenig Honig in die Basismischung.

Damiana-Blue-Curaçao-Cocktail

Two become one

4 cl Damianaelixier (siehe Seite 126)
Champagner
4 cl Blue Curaçao

♥ Verteilen Sie das Damianaelixier in zwei Gläser, giessen Sie mit Champagner auf und geben Sie zuletzt den Blue Curaçao dazu. Die Farbe sinkt langsam nach unten und vermischt sich mit dem Champagner.

Ginsengcocktail, garniert mit Erdbeeren

Fo-ti-tieng-Cocktail

Turn off the lights

2-mal 2 cl Fo-ti-tieng-Elixier (siehe Seite 126)
2-mal 2 cl Maracuja- oder Kontikilikör (Passionsfruchtlikör)
Champagner

♥ Geben Sie das Fo-ti-tieng-Elixier und den Maracujalikör in zwei hohe Gläser und rühren Sie die Mischung mit einem Cocktailstab leicht um. Füllen Sie die Gläser mit Champagner auf und dekorieren Sie den Drink mit einem Früchtchen oder einem Cocktailstab.

Ginsengcocktail

Lady's lover

2-mal 2 cl Ginsengelixier (siehe Seite 127)
2-mal 2 cl Apricot Brandy
Champagner

♥ Geben Sie das Ginsengelixier und den Apricot Brandy in zwei hohe Gläser und rühren Sie die Mischung mit einem Cocktailstab leicht um. Füllen Sie die Gläser mit Champagner auf und dekorieren Sie den Drink mit einem Früchtchen.

PS Wenn Sie es süss mögen, rühren Sie ein wenig Honig in die Basismischung.

Muira-Puama-Cocktail

Tunnel of love

2-mal 2 cl Muira-Puama-Elixier (siehe Seite 127)
2-mal 2 cl Red Russian
Champagner oder Ginger Ale

♥ Geben Sie das Muira-Puama-Elixier und den Red Russian in zwei hohe Gläser und rühren Sie die Mischung mit einem Cocktailstab leicht um. Füllen Sie die Gläser mit Champagner oder Ginger Ale auf und dekorieren Sie den Drink nach Belieben.

Rosencocktail

First kiss

2–4 ungespritzte Rosenblätter
80 g reife Erdbeeren
1/2 reifer Pfirsich
4 cl Maraschino
50 ml Orangen- oder Pfirsichsaft
wenig Zitronensaft
Champagner

♥ Legen Sie die Rosenblätter in Eiswürfelförmchen, füllen Sie diese mit kaltem Wasser auf und lassen Sie sie gefrieren.

♥ Pürieren Sie die Erdbeeren und den entsteinten Pfirsich mit dem Maraschino und dem Fruchtsaft.

♥ Geben Sie je einen Roseneiswürfel in zwei Champagnergläser, giessen Sie diese mit dem Fruchtpüree halb auf und füllen Sie sie zuletzt mit eisgekühltem Champagner.

ROSENBOWLE
Bed of roses

2 ungespritzte Rosen
8–10 Erdbeeren
1 EL Erdbeersirup
200 ml Sauternes
1 Tropfen Rosenessenz
2–4 Tropfen grüne Pfefferessenz
200 ml Champagner, eisgekühlt

♥ Geben Sie die Blätter von einer Rose und die halbierten Erdbeeren in ein kleines Bowlengefäss. Giessen Sie den Erdbeersirup und den Sauternes dazu, rühren Sie um und lassen Sie das Ganze mindestens 1 Stunde ziehen. Kurz vor dem Servieren geben Sie die Pfefferessenz dazu, giessen den Champagner hinein, legen die andere Rose zur Dekoration hinein und servieren die Bowle sofort.

FO-TI-TIENG-WEIN
Flaschenpost

15 g Fo-ti-tieng
1 Flasche (750 ml) Reiswein

♥ Geben Sie das Fo-ti-tieng in eine gut verschliessbare, saubere Flasche mit weitem Hals und giessen Sie es mit dem Reiswein auf. Stellen Sie die Flasche an einen warmen Ort in der Wohnung und lassen Sie den Wein einen Monat reifen.
♥ Trinken Sie täglich ein Gläschen Fo-ti-tieng-Wein, bis die Flasche leer ist. Füllen Sie die Flasche wieder mit Reiswein auf und lassen Sie das Ganze wiederum einen Monat reifen.

GINSENGWEIN
13-mal Wein, das Glück ist mein

1 Ginsengwurzel oder 1 EL klein geschnittener Gingseng
1 Flasche (750 ml) Reiswein

♥ Legen Sie den Ginseng in eine gut verschliessbare, saubere Flasche und giessen Sie den Reiswein darüber. Stellen Sie die Flasche an einen warmen Ort in der Wohnung und lassen Sie den Wein einen Monat reifen.
♥ Trinken Sie täglich ein Gläschen Ginsengwein, bis die Flasche leer ist. Füllen Sie die Flasche wieder mit Reiswein auf und lassen Sie das Ganze wiederum einen Monat reifen.

PS Nach altem Glauben können Sie mit derselben Ginsengwurzel 13-mal einen Wein ansetzen, bevor die Wurzel ausgelaugt ist.

PPS Ginseng sollte wie Fo-ti-tieng täglich eingenommen werden, damit Sie seine Wirkung spüren. Deshalb mein Rat, setzen Sie gleich zwei oder mehrere Flaschen davon an. So haben Sie immer eine Flasche reifen Ginsengwein zur Hand.

PPPS Es ist sinnvoll, auf der Etikette das Herstellungsdatum zu vermerken. Jedesmal, wenn Sie die Flasche wieder neu mit Reiswein auffüllen, machen Sie einen kleinen Strich. Wenn 13 Striche zusammen sind, ist es Zeit, sich eine neue Ginsengwurzel zu besorgen.

IM «VIEUX MANOIR» MIT MEINER VEREHRTEN EINE FLASCHE ŒIL DE PERDRIX TRINKEN.
Kurt Hanselmann, 74 Jahre, ehemaliger Vertreter

GLÜHWEIN

Alpenglühen

1 TL Catuaba-Mate-Tee
1–2 EL Honig
1 Stück Zitronenschale
1 Gewürznelke
1/4 Zimtrinde
1 Sternanis
1 dünne Scheibe Ingwer
400 ml Rotwein

♥ Geben Sie alle Zutaten in einen Topf und erwärmen Sie den Inhalt ganz langsam bis kurz vor den Siedepunkt. Seihen Sie den Glühwein in zwei gut vorgewärmte Groggläser und geniessen Sie ihn heiss.

PS Leute, die lieber auf Alkohol verzichten, bereiten dieses Getränk mit Traubensaft zu. Reduzieren Sie die Menge des Honigs.

WÜRZIGES DAMIANAELIXIER

1 Flasche weisser Rum (Bacardí Weiss oder Gold)
1/2 Zimtstange
1 Vanilleschote
4 Kubeben oder 1 langer Pfeffer
1/2 TL Muskatblüten
2 Hand voll Damianablätter
Honig nach Belieben

♥ Erhitzen Sie den Rum, geben Sie alle Zutaten ausser dem Honig dazu, decken Sie es gut zu und lassen Sie es 1 Woche ziehen.

♥ Filtrieren Sie das Elixier durch ein mit einem angefeuchteten Mundtüchlein ausgekleidetes Sieb in eine saubere Flasche. Süssen Sie es nach Belieben mit Honig.

♥ Versehen Sie die Flasche mit der Angabe des Inhalts und des Datums.

DAMIANAELIXIER

1/2 Zimtstange
1/2 TL Macis (Muskatblüten)
15 g Damianablätter
700 ml weisser Rum

♥ Geben Sie die Würzzutaten mit 200 ml Rum in einen Topf und bringen Sie diesen bis kurz vor den Siedepunkt. Setzen Sie einen gut schliessenden Deckel auf und lassen Sie das Elixier über Nacht ziehen.

♥ Am nächsten Tag giessen Sie das Damianaelixier mit dem restlichen 1/2 Liter Rum in eine saubere Flasche und lassen es gut verschlossen zwei Wochen reifen.

♥ Dann sieben Sie das Elixier durch ein Mundtüchlein in eine saubere Flasche und versehen diese mit der Angabe des Inhalts und des Datums.

FO-TI-TIENG-ELIXIER

15 g Fo-ti-tieng
5 g Kolanuss
700 ml Gin

♥ Geben Sie das Fo-ti-tieng und die Kolanuss mit 200 ml Gin in einen Topf und bringen diesen bis kurz vor den Siedepunkt. Geben Sie einen gut schliessenden Deckel darauf und lassen Sie das Elixier über Nacht ziehen.

♥ Am nächsten Tag giessen Sie das Fo-ti-tieng-Elixier mit dem restlichen 1/2 Liter Gin in eine saubere Flasche und lassen es gut verschlossen zwei Wochen reifen.

♥ Dann sieben Sie das Elixier durch ein Mundtüchlein in eine saubere Flasche und versehen diese mit der Angabe des Inhalts und des Datums.

Ginsengelixier

1 Ginsengwurzel oder 1 EL klein geschnittener Ginseng
1 Vanilleschote
2 EL Orangenblütenwasser
700 ml Aprikosenschnaps

♥ Geben Sie alle Würzzutaten mit 200 ml Aprikosenschnaps in einen Topf und bringen Sie diesen bis kurz vor den Siedepunkt. Setzen Sie einen gut schliessenden Deckel darauf und lassen Sie das Ganze über Nacht abkühlen.

♥ Giessen Sie am nächsten Tag das Elixier mit dem Ginseng, der Vanilleschote und dem restlichen ½ Liter Aprikosenschnaps in eine Flasche und lassen Sie es gut verschlossen zwei Wochen reifen.

♥ Dann sieben Sie das Elixier durch ein Mundtüchlein in eine saubere Flasche und versehen diese mit der Angabe des Inhalts und des Datums.

Muira-Puama-Elixier

1–2 Stück Galgantwurzel
15 g Muira Puama
5 g Selleriesamen
700 ml Wodka

♥ Zerquetschen Sie die Galgantwurzeln im Mörser oder mit dem Stiel des Küchenmessers, so dass sich das Aroma entfalten kann. Geben Sie alle Zutaten mit 200 ml Wodka in einen Topf und bringen Sie diesen bis kurz vor den Siedepunkt. Setzen Sie einen gut schliessenden Deckel auf und lassen Sie das Elixier über Nacht ziehen.

♥ Am nächsten Tag giessen Sie das Elixier mit dem restlichen ½ Liter Wodka in eine saubere Flasche und lassen es gut verschlossen zwei Wochen reifen. Dann sieben Sie das Muira-Puama-Elixier durch ein Mundtüchlein in eine saubere Flasche und versehen diese mit der Angabe des Inhalts und des Datums.

PS Galgantwurzeln sind frisch in Thai-Läden und getrocknet in Lebensmittelgeschäften mit einer grossen Gewürzauswahl erhältlich.

KAWA-KAWA-KOKOS-ANANAS-DRINK

Ben the best

½ l Kawa-Kawa-Tee (siehe Seite 130)
200 ml Kokosnussmilch
½ l Ananassaft
Honig nach Belieben

♥ Mischen Sie alle Zutaten gut miteinander. Süssen Sie nach Belieben mit Honig oder fügen Sie noch mehr Ananassaft oder Kokosnussmilch bei. Stellen Sie den Drink kalt.

♥ Vor dem Servieren schütteln oder schlagen Sie das Getränk nochmals gut durch, füllen es in Gläser und garnieren es mit einer Cocktailkirsche.

GRANATAPFELDRINK

Luscious Lucy

1 Granatapfel
100 ml Orangensaft
100 ml Mangosaft
1 Messerspitze Honig
1 Tropfen Vanilleessenz

♥ Pressen Sie den Granatapfel aus wie eine Orange. Achten Sie dabei, dass die Hülle um jeden Kern platzt. Wenn nötig, helfen Sie mit einem Kaffeelöffel nach.

♥ Vermischen Sie den Honig mit der Vanilleessenz. Verrühren Sie nun alle Zutaten miteinander und füllen Sie das Getränk in zwei Gläser.

JAMU

40 g Galanganwurzel
30 g Ingwerwurzel
20 g Süssholz
20 Kurkumawurzel
10 g Koriander

Lauwarmes Wasser
Saft von einer Limone
1 sehr frisches Ei, nach Belieben
Honig

♥ Mahlen Sie die Gewürze sehr fein und vermischen Sie alles gut miteinander. Geben Sie die Gewürzmischung in einen luft- und lichtundurchlässigen Behälter.

♥ Jeden Morgen vor dem Frühstück geben Sie einen Esslöffel von der Gewürzmischung in ein Glas von lauwarmem (bitte kein Boilerwasser) Wasser und dem Saft der Limone und rühren alles gut um. Wenn Sie rohe Eier mögen, schlagen Sie ein solches unter die Mischung. Süssen Sie das Getränk nach Belieben mit Honig und geniessen Sie es in Ruhe.

♥ Gewiss ist es nicht der gewöhnliche Kaffee- oder Teestart in den Tag, aber genügend Turbo wird Ihnen sicher sein.

PS Jamu sind Kräutertrünke, die in Indonesien vor allem zur Erhaltung der Gesundheit, zur Verjüngung und zur Kräftigung der Sexualorgane täglich getrunken werden. Die vornehmlich aphrodisischen Jamu-Bereitungen enthalten als Hauptwirkstoff die Galanganwurzel. Die einzelnen Komponenten des ätherischen Öles haben stimulierende und psychedelische Wirkungen.

Kichererbsennektar
Tiger im Tank

100 g eingeweichte Kichererbsen
25 g Honig
25 g Zwiebel
1/2 l Wasser

♥ Geben Sie alle Zutaten in einen Topf, kochen Sie das Wasser auf und lassen sie alles zugedeckt bei schwacher Hitze etwa 1 Stunde ziehen. Dann sieben Sie die Flüssigkeit ab.

PS Dieser Nektar weckt die Lebensgeister und soll Männern zu Höchstleistungen verhelfen.

Kraftmilch gegen Impotenz
Lead in your pencil

6 schwarze Pfefferkörner
4 Mandeln
1 TL Honig
1 Messerspitze Gelée Royale, nach Belieben
100 ml kalte Milch

♥ Mahlen Sie die Pfefferkörner und die Mandeln fein oder zerstampfen Sie sie im Mörser. Geben Sie beides mit dem Honig, dem Gelée Royale und der Milch in einen Shaker und schütteln Sie alles tüchtig durch.

PS Dieses Rezept habe ich in einem indischen Gesundheitsbuch gefunden. Wenn die Potenzmilch täglich eingenommen wird, ist sie ein sicheres Aphrodisiakum und hilft speziell bei Impotenz als Lustmittel. Ich nehme natürlich an, dass Sie und Ihr Wirbelwind nicht von solchen Problemen geplagt sind. Trotzdem: Schauen Sie sich die Zutaten einmal genauer an – schaden kann das Trünklein auf keinen Fall!

Saflordrink
Espresso love

4 TL Saflorfäden (Färberdistel)
4 TL Pistazienkerne
8 Mandeln
300 ml kalte oder warme Milch
2 EL Honig

♥ Zerstampfen Sie die Saflorfäden, die Pistazien und die Mandeln oder zerstossen Sie sie im Mörser. Geben Sie diese Mischung in zwei Gläser, füllen Sie sie mit der Milch auf und rühren Sie den Honig darunter.

PS Trinken Sie etwas von diesem Powerdrink zusammen mit Ihrem Schatz vor Ihrem Rendez-vous privé. Saflor bekommen Sie in der Apotheke.

DAS GERÄUSCH, WENN EINE FRAU AUS IHRER SEIDENEN UNTERWÄSCHE SCHLÜPFT.

Michael J., 49 Jahre, Werbetexter

Fo-ti-tieng-Tee

1 EL Fo-ti-tieng
½ l Wasser

♥ Geben Sie das Fo-ti-tieng-Kraut in einen Krug. Kochen Sie das Wasser auf und giessen Sie es darüber. Lassen Sie den Tee 5 bis 10 Minuten ziehen und sieben Sie ihn dann durch ein Mundtüchlein in ein anderes Gefäss. Stellen Sie ihn bis zur Verwendung kühl.

PS Es ist empfehlenswert, Fo-ti-tieng (wie Ginseng) täglich einzunehmen. Gehen Sie dazu folgendermassen vor: Bringen Sie 2½ Liter Wasser zum Kochen. 120 g Fo-ti-tieng-Kraut dazugeben. Lassen Sie den Tee 6 Stunden knapp unter dem Siedepunkt ziehen. Nehmen Sie ihn vom Herd, aber lassen Sie das Kraut darin. Nun trinken Sie 4 Tage lang täglich 3 bis 4 Tassen davon, wobei Sie jeweils die entnommene Menge Tee durch dieselbe Menge heisses Wasser ersetzen. Am fünften Tag setzen Sie sich einen frischen Tee an. Fo-ti-tieng ist ein Stärkungsmittel, das Ihre Vitalität erhalten wird.

Kawa-Kawa-Tee

2 TL Kawa-Kawa-Wurzel
1 l Wasser

♥ Setzen Sie den Tee kalt auf, bringen Sie ihn zum Kochen und lassen Sie ihn dann etwa 10 Minuten ziehen. Anschliessend sieben Sie ihn ab und stellen ihn bis zur Verwendung kühl.

Muira-Puama-Tee

1 EL Muira-Puama-Rinde
½ l Wasser

♥ Kochen Sie das Wasser auf. Geben Sie die Muira-Puama-Rinde dazu und lassen Sie den Tee 15 Minuten knapp unter dem Siedepunkt ziehen. Sieben Sie den Tee durch ein Mundtüchlein in ein anderes Gefäss.

♥ Trinken Sie eine Tasse Tee 1 bis 2 Stunden vor Ihrem Rendez-vous privé.

Ginsengtee

1 EL klein geschnittener Ginseng
½ l Wasser

♥ Geben Sie den Ginseng mit dem Wasser in einen kleinen Topf und bringen Sie es zum Kochen. Lassen Sie den Ginseng 10 Minuten ziehen. Dann sieben Sie den Tee durch ein Mundtüchlein in ein Gefäss ab.

♥ Trinken Sie eine Tasse Ginsengtee pro Tag langsam und schluckweise, damit er sich vor dem Schlucken mit der Speichelflüssigkeit verbinden kann.

PS Sie können mit demselben Ginseng 13-mal neuen Tee aufbrühen. Zuletzt zerkauen Sie die ausgekochte Ginsengwurzel langsam im Mund. Sie werden Wärme und ein erotisches Verlangen verspüren!

Catuabatee

2 TL Catuabatee
½ l Wasser

♥ Bringen Sie das Wasser zum Kochen und lassen Sie den Catuabatee darin 5 Minuten leicht köcheln. Danach lassen Sie den Tee 15 Minuten ziehen und seihen ihn schliesslich ab.

Kalmuswurzeltee

2 TL Kalmuswurzel
1/2 l Wasser

- Geben Sie die Kalmuswurzel mit dem kalten Wasser in einen kleinen Topf und lassen Sie das Ganze 30 Minuten stehen.
- Dann kochen Sie das Wasser auf und lassen den Tee 10 Minuten ziehen. Sieben Sie den Kalmuswurzeltee durch ein Mundtüchlein in ein anderes Gefäss und stellen Sie ihn bis zur Verwendung kühl.

Achtung: Diesen Tee sollten Sie nicht über längere Zeit regelmässig einnehmen. Einige Kalmusarten haben bei langem, regelmässigem Gebrauch genschädigende Wirkung.

Damianatee

1 EL Damianablätter
1/2 l Wasser

- Geben Sie die Damianablätter in einen Krug. Kochen Sie das Wasser auf und giessen Sie es über die Damianablätter. Lassen Sie den Tee 5 bis 10 Minuten ziehen und sieben Sie ihn dann durch ein Mundtüchlein in ein anderes Gefäss. Stellen Sie ihn bis zur Verwendung kühl.

Saflortee

1 gehäufter EL Saflorfäden
1/2 l Wasser

- Übergiessen Sie die Saflorfäden mit dem kochenden Wasser und lassen Sie den Tee 15 Minuten ziehen.

SINNLICHKEIT ...

... EIN HEISSER FLIRT, WENN AUGENPAARE AUFEINANDER TREFFEN UND EINANDER WORTLOS, ABER UMSO VIELSAGENDER ALLES VERSPRECHEN, WAS NIEMALS SEIN WIRD ...

... WENN DER ZARTE FRÜHSOMMERWIND ERSTMALS MEINE NACKTEN BEINE UMSPIELT UND MICH WIEDER ZUM KLEINEN MÄDCHEN MACHT, DAS KEINE STRUMPFHOSEN MEHR ANZIEHEN MUSS ...

... AM STRAND LIEGEN UND SICH VOM WIND STREICHELN LASSEN ...

... IN EIN OFENWARMES, KNUSPERFRISCHES, MIT TRÜFFELKÄSE BELEGTES BAGUETTE BEISSEN ...

Liane Baumgartner, 43 Jahre, Unternehmerin

Wermuttee

2 TL Wermutkraut
1/2 l Wasser

♥ Geben Sie das Wermutkraut in einen Krug. Kochen Sie das Wasser auf und giessen Sie es heiss, aber nicht kochend über das Kraut. Lassen Sie den Tee 10 Minuten ziehen. Dann sieben Sie ihn durch ein Mundtüchlein in ein anderes Gefäss ab.

Zwiebeltonikum

2 weisse Zwiebeln
2 TL frische Butter
2 EL Honig

♥ Schälen Sie die Zwiebel und hacken Sie sie in kleine Würfel. Erwärmen Sie die Butter bei mittlerer Hitze und braten Sie die Zwiebel darin goldbraun.

♥ Geben Sie die gebratenen Zwiebeln in eine kleine Schüssel, mischen Sie den Honig darunter und geniessen Sie das Mus als Tonikum zum Frühstück.

PS Dieses Rezept stammt aus einem indischen Gesundheitsbuch. Gemäss dem Verfasser ist es ein exzellentes Aphrodisiakum. Für beste Wirkung bereiten Sie dieses Tonikum jeden Morgen frisch zu und nehmen Sie es auf leeren Magen ein, natürlich am besten zusammen mit Ihrem Herzallerliebsten.

Muskatnuss-Power-Snack

Die drei Musketiere

Pro Person:
1 Ei
1 TL Honig oder 1/4 Messerspitze Gelée Royale
1/2 TL Muskatnuss, frisch gerieben

♥ Geben Sie das Ei in einen kleinen Topf und bedecken Sie es mit kaltem Wasser.

♥ Bringen Sie das Wasser zum Sieden. Hitze reduzieren und das Ei wachsweich kochen.

♥ Schrecken Sie es in kaltem Wasser ab. Schälen Sie das Ei und hacken Sie es grob.

♥ Mischen Sie die Muskatnuss mit dem Honig und dann mit dem Ei. Essen Sie diesen Power-Snack 1 Stunde vor dem Eintauchen in erotische Abenteuer.

PS Das ist ein altes indisches Rezept. Dieses Gemisch soll ein exzellentes Sex-Tonikum sein und Ihre Power um ein Vielfaches steigern.

Ratatouille d'amour, Rezept Seite 136

BEILAGEN UND GRUNDREZEPTE

Karamellisierte Frühlingszwiebeln

Soothe me

4–6 Frühlingszwiebeln
1 EL Butter
1 TL Honig
100 ml Gemüsebouillon
1 Tropfen Zwiebelessenz

♥ Entfernen Sie alle unschönen, welken Teile der Frühlingszwiebeln. Lassen Sie die knackigen grünen Teile daran.

♥ Erhitzen Sie eine beschichtete Bratpfanne bei mässiger bis guter Hitze und lassen Sie darin die Butter aufschäumen. Dünsten Sie die Frühlingszwiebeln in der Butter, bis sie hellbraun sind. Dann geben Sie den Honig dazu, lassen ihn schmelzen und karamellisieren. Das geht nur ein paar Augenblicke. Wenden Sie dabei die Frühlingszwiebeln im schmelzenden Honig. Anschliessend die Zwiebeln mit der Bouillon ablöschen und alles sorgfältig mischen. Legen Sie einen gut schliessenden Deckel darauf, reduzieren Sie die Hitze auf das Minimum und lassen Sie die Frühlingszwiebeln weich schmoren. Gegen Schluss, wenn noch etwas Flüssigkeit übrig ist, geben Sie die Zwiebelessenz dazu und mischen das Ganze nochmals gut durch, ohne die Frühlingszwiebeln zu zerdrücken. Kurz vor dem Servieren sollte alle Flüssigkeit verdampft sein, und die Frühlingszwiebeln sollten schön karamellisiert sein.

PS Eine supereinfache aphrodisische Beilage zum Süchtigwerden! Sie passt übrigens sowohl zu Fleisch- wie auch zu einigen Fischgerichten.

PPS Auf die gleiche Art lässt sich Chicorée zubereiten. Zwar gehört er nicht zu den Lustmachern, aber köstlich schmeckt er alleweil.

Frühlingsgemüse

Dancing in the dark

400 g gemischtes Frühlingsgemüse, z. B. kleine Karotten, kleine grüne Spargeln, Mini-Pâtissons, Frühlingszwiebeln, Mini-Zucchini mit Blüte, Maiskölbchen
20 g frische Butter
50 – 100 ml Hühner- oder Gemüsebouillon

♥ Rüsten Sie das Gemüse sorgfältig. Blanchieren Sie die einzelnen Gemüsesorten separat in kochendem Salzwasser, dann in Eiswasser abschrecken und abtropfen lassen.

♥ Kurz vor dem Servieren lassen Sie die Butter in einer Sauteuse kurz aufschäumen, fügen das Gemüse bei und wenden es kurz darin (Vorsicht bei den Zucchiniblüten!). Geben Sie esslöffelweise die Bouillon dazu, bringen Sie sie vorsichtig zum Kochen und wärmen Sie das Gemüse gut durch.

PS Eine Gemüsebeilage, die zu allen Fleischgerichten passt.

Gebratene Baby-Auberginen

Paradise

6 – 10 Baby-Auberginen
1/2 EL Olivenöl
1/2 EL Butter
1 Knoblauchzehe
Salz
1 Prise Zimt
1/2 Bund Petersilie oder Koriander nach Belieben

♥ Entfernen Sie die Stiele von den Auberginen und halbieren Sie die Früchte.

♥ Erhitzen Sie in einer beschichteten Bratpfanne bei mittlerer Hitze das Olivenöl. Schäumen Sie die Butter darin auf. Geben Sie die geschälte Knoblauchzehe dazu und braten Sie sie, bis sie dunkelgelb ist und ihr Aroma abgegeben hat. Die Knoblauchzehe entfernen und nach Belieben für ein anderes Gericht verwenden.

♥ Braten Sie nun die Auberginen rundherum goldbraun. Nehmen Sie sie aus der Pfanne, bestreuen Sie sie mit etwas Salz, Zimt und, wenn Sie Lust haben, mit fein gehackter Petersilie. Wenn Sie diese Auberginen zu einem asiatischen Gericht servieren, ersetzen Sie die Petersilie durch Koriandergün.

PS Dies ist eine schnell zubereitete Beilage, die umwerfend (aber hoffentlich nicht für allzu lange, denn Sie haben mit Ihrem Herzblatt ja noch etwas vor!) köstlich schmeckt. Baby-Auberginen haben ein feines Aroma und sehen speziell aus und verleihen so Ihrem Essen eine festliche Note. Sie sind in Thai-Geschäften erhältlich.

GEFÜLLTE BABY-ZUCCHINI

Loving cup

4 runde Baby-Zucchini
1/2 kleine Schalotte
1 kleine Tomate
1 EL Mozzarella
je 1/4 Bund verschiedene Kräuter, z. B. Basilikum, Thymian, Oregano
1 TL Olivenöl
Salz, Pfeffer aus der Mühle, Cayennepfeffer
2 Tropfen Muskatellersalbeiessenz
100 ml Gemüsebouillon

♥ Heizen Sie den Ofen auf 200 Grad vor.

♥ Schneiden Sie von den Zucchini einen Deckel ab und höhlen Sie die Früchte mit einem Kaffeelöffel oder Pariserlöffel bis auf eine Wandstärke von etwa 5 mm aus. Hacken Sie das Zucchinifleisch fein. Schälen, vierteln und entkernen Sie die Tomate und würfeln Sie sie. Schneiden Sie den Mozzarella in kleine Würfel. Die Schalotte und die Kräuter hacken.

♥ Erhitzen Sie in einem Topf das Olivenöl. Dünsten Sie die Schalotte darin etwa 5 Minuten glasig. Die Tomate und das Zucchinifleisch dazugeben und alles unter ständigem Rühren weiterdünsten, bis das Gemüse knapp weich und alle Flüssigkeit verdampft ist. Nehmen Sie den Topf vom Herd und mischen Sie den Mozzarella und die Kräuer darunter. Würzen Sie die Füllung mit Salz, Pfeffer, Cayennepfeffer und der Muskatellersalbeiessenz.

♥ Salzen und pfeffern Sie das Innere der Zucchini und der Zucchinihüte. Verteilen Sie die Füllung in die ausgehöhlten Zucchini und setzen Sie die Hüte auf. Stellen Sie die Zucchini in eine kleine, flache, ofenfeste Form. Giessen Sie die Gemüsebouillon dazu und lassen Sie die Zucchini in der Mitte des vorgeheizten Ofens 20 bis 30 Minuten garen.

PS Eine dekorative und wohlschmeckende Beilage zu Fleischgerichten!

PPS Runde Baby-Zucchini finden Sie in gut sortierten Gemüsegeschäften und in Thai-Läden.

Ratatouille d'amour

Claudia's little trick

1 gelbe Peperoni (Paprika)
2 rote Peperoni (Paprika)
1 möglichst lange und dünne Zucchini
1 möglichst lange und dünne Aubergine
1 reife, aromatische Tomate
1 Zwiebel
½ feste Mango
1–2 EL Olivenöl extra vergine
2 EL Tomatensauce (siehe Seite 145)
je 1 Zweiglein Thymian und Rosmarin
5 Basilikumblätter
je 1 Tropfen Thymian-, Rosmarin- und Basilikumessenz
Salz, weisser Pfeffer aus der Mühle, Cayennepfeffer

♥ Vierteln Sie die Peperoni, entkernen Sie sie und schälen Sie sie mit dem Sparschäler. Schneiden Sie von der Zucchini und von der Aubergine die Haut mit zirka ½ cm Fleisch ab. (Verwerten Sie das Innere für ein anderes Gericht.) Schneiden Sie das Gemüse in gleichmässige Würfel von ½ cm Durchmesser. Schälen, vierteln und entkernen Sie die Tomate und schneiden Sie sie in kleine Würfel. Die Zwiebel und die Mango ebenfalls in kleine Würfel schneiden.

♥ Erwärmen Sie in einer Sauteuse etwas Olivenöl. Dünsten Sie darin die Peperoni, bis Sie al dente sind und eine schön leuchtende Farbe angenommen haben. Mit einem Schaumlöffel auf eine Platte heben. Ebenso verfahren Sie mit der Zucchini und der Aubergine. Fügen Sie, wenn nötig, mehr Öl zu.

♥ Erwärmen Sie die Tomatensauce. Geben Sie die Kräuterzweige dazu und lassen Sie die Sauce 20 Minuten knapp unter dem Siedepunkt ziehen, so dass die Kräuter ihr Aroma an die Sauce abgeben. Entfernen Sie die Zweiglein. Schneiden Sie die Basilikumblätter in hauchdünne Streifen und geben Sie diese mit den Kräuteressenzen und den Mango- und Tomatenwürfeln zur Sauce. Nach 1 Minute die sautierten Gemüse unter die Sauce mischen und alles sorgfältig erwärmen. Schmecken Sie das Ratatouille ab.

PS Dies ist eine elegante Version der traditionellen Ratatouille, die in viel grössere Stücke geschnitten und über lange Zeit geschmort wird. Die Mango verleiht ihr zusätzlich eine spezielle Note. Servieren Sie die Ratatouille als Beilage zu einem sommerlichen Fisch- oder Fleischgericht oder zu Polenta. Oder füllen Sie Teigwarenmuscheln damit; diese können Sie vorbereiten und im 180 Grad heissen Ofen, mit Parmesan bestreut, kurz überbacken.

GEDÜNSTETER FENCHEL MIT PARMESAN

Kiss it away

2 kleinere, runde Fenchelknollen
1 EL Olivenöl extra vergine
1 EL Butter
1/2 TL Akazienblütenhonig
etwa 100 ml Gemüsebouillon
1 Tropfen Fenchelessenz
2 EL frisch geriebener Parmesan

♥ Schneiden Sie das Grün und die Stengelansätze sowie etwa 3 mm vom Wurzelansatz des Fenchels weg. Waschen Sie die Fenchelknollen und schneiden Sie sie senkrecht in 1 cm dicke Scheiben. Achten Sie dabei darauf, dass die Scheiben am Wurzelansatz zusammenhalten.

♥ Erwärmen Sie das Öl und die Butter in einer Bratpfanne und braten Sie die Fenchelscheiben auf beiden Seiten bei mittlerer Hitze an, bis sie goldbraun sind. Fügen Sie den Honig bei und lassen Sie ihn aufschäumen und karamellisieren. Dann geben Sie so viel Gemüsebouillon dazu, dass der Boden der Pfanne etwa 1/2 cm hoch mit Flüssigkeit bedeckt ist. Den Fenchel zugedeckt weich garen; dies dauert zwischen 25 und 40 Minuten. Falls nötig, fügen Sie noch mehr Wasser hinzu. Die Fenchelscheiben gelegentlich wenden.

♥ Gegen Ende der Garzeit verdünnen Sie die Fenchelessenz mit 1 Esslöffel Wasser und geben Sie sie zum Fenchel. Zuletzt sollte keine Flüssigkeit mehr in der Pfanne sein und die Fenchelscheiben eine goldene Farbe haben.

♥ Streuen Sie den geriebenen Parmesan über den Fenchel und wenden Sie die Scheiben einmal, so dass sie von Käse umhüllt sind. Sofort servieren.

PS Je nachdem, wozu Sie den Fenchel servieren, können Sie den Parmesan auch weglassen.

CHAMPAGNERRISOTTO

Start me up

1 Schalotte
1 EL Butter
150 g Reis (Carnaroli, Vialone oder Arborio)
1/2 Knoblauchzehe
200 ml Champagner
300–400 ml heisse Geflügel- oder Gemüsebouillon
2 EL Rahm
2 TL Butter
1–2 EL frisch geriebener Parmesan
Salz, Pfeffer aus der Mühle

♥ Hacken Sie die Schalotte in kleine Würfel. Erwärmen Sie die Butter in einem Topf und dünsten Sie die Schalotte darin rund 5 Minuten glasig. Fügen Sie den Reis hinzu und wenden Sie ihn ständig, bis jedes Reiskorn glasig ist. Pressen Sie den entkeimten Knoblauch zum Reis und rühren Sie um. Löschen Sie den Reis mit 150 ml Champagner ab und lassen Sie ihn auf die Hälfte verdampfen. Giessen Sie nach und nach die heisse Bouillon unter ständigem Rühren hinzu. Lassen Sie die Flüssigkeit einkochen, giessen Sie wieder etwas Bouillon nach. Fahren Sie weiter so, bis der Reis in rund 20 Minuten al dente ist. Am Schluss schlagen Sie den Rahm schaumig und arbeiten Sie ihn mit der Butter, dem Parmesan und dem restlichen Champagner unter den Risotto. Falls nötig, salzen Sie den Risotto nach. Pfefferliebhaber mischen frisch gemahlenen Pfeffer unter den Risotto.

GEWISSE MÄNNERSTIMMEN DRINGEN OHNE VORANMELDUNG UNGEFILTERT IN MEINEN KÖRPER UND TREIBEN DA IHR UNWESEN. ICH BIN DIESEM BEWEGENDEN UND BEGLÜCKENDEN GEFÜHL HOFFNUNGSLOS AUSGELIEFERT UND KANN MICH EINE ZEITLANG NUR SCHLECHT KONZENTRIEREN.

Sonja Weber, 29 Jahre, Telefonistin

PS Servieren Sie den Risotto entweder als Vorspiel oder als Beilage zu einem eleganten Fleischgericht. Wenn Sie Risotto als Hauptspeise kochen, berechnen Sie 100 g Reis pro Person. Passen Sie die anderen Zutaten der Menge an.

PPS Bereichern Sie zur Abwechslung den Champagnerrisotto mit grünen Spargeln: Waschen Sie 8 bis 10 Spargeln, schälen Sie das untere Drittel und schneiden Sie die Spitzen auf etwa 4 cm ab. Die unteren holzigen Teile werfen Sie weg. Schneiden Sie die Spargeln schräg in gleichmässige 3 cm lange Stücke. Dicke Stücke schneiden Sie längs nochmals durch. Dünsten Sie die Spargelstücke mit der Schalotte an, die Spargelspitzen kommen 5 Minuten vor Ende der Kochzeit in den Risotto. Noch vornehmer wird das Gericht, wenn Sie weissen oder schwarzen Trüffel über den angerichteten Risotto hobeln.

WILDREIS
Wild thing

100 g Wildreis
100 ml trockener Weisswein
200 ml Gemüse- oder Geflügelbouillon
20 g Butter

♥ Waschen Sie den Wildreis in einem feinen Sieb unter fliessendem Wasser, bis das Wasser klar ist. Bringen Sie in einem Topf den Weisswein und die Bouillon zum Kochen. Geben Sie den Reis hinein, rühren um und lassen ihn im offenen Topf 3 Minuten sprudelnd kochen. Reduzieren Sie die Hitze aufs Minimum und kochen Sie den Reis zugedeckt 40 bis 50 Minuten weich. Die Flüssigkeit sollte aufgesogen sein. Mischen Sie die Butter unter den fertigen Reis.

PS Wildreis ist eine noble Beilage zu vielen Fisch- und Fleischgerichten mit Sauce.

SAFRANRISOTTO
Baci d'Italia

2 EL Rahm
1 Schalotte
1 EL Olivenöl
150 g Risottoreis (Arborio, Vialone oder Carnaroli)
5 EL Weisswein
300–400 ml heisser Kalbsfond oder Gemüsebouillon
einige Safranfäden, in 3 EL Fond aufgelöst, oder
1/2 Briefchen Safranpulver
20 g Butter
20 g frisch geriebener Parmesan
Salz, weisser Pfeffer aus der Mühle, Zitronensaft

♥ Hacken Sie die Schalotte in kleine Würfel. Erwärmen Sie das Olivenöl in einem Topf und dämpfen Sie die Schalottenwürfel darin unter ständigem Rühren etwa 5 Minuten bei mässiger Hitze glasig. Fügen Sie den Reis bei und wenden Sie ihn, bis jedes Reiskorn glasig ist. Löschen Sie den Reis mit dem Weisswein ab und lassen Sie diesen bis auf Sirupkonsistenz verdampfen. Dann giessen Sie nach und nach den heissen Kalbsfond dazu und rühren dabei ständig weiter. Nach etwa 15 Minuten den Safran zugeben und den Risotto unter ständigem Rühren zu Ende kochen.

♥ Schlagen Sie den Rahm halbsteif. Den Parmesan und die Butter darunter mischen. Zuletzt ziehen Sie den Rahm unter den Risotto und schmecken ihn ab. Geben Sie den Safranrisotto in zwei vorgewärmte Suppenteller und servieren Sie ihn sofort.

SAMSTAG FRÜH RAUFDAMPFEN – SONNE – 200 M HELLWACH. ABENDGEWITTER UND DUSCHFIT. RIKLI, LIEBSTE – EHRLICHE SPAGHETTI, BAROLO. SPÄTER EINTAUCHEN – AUSSCHLAFEN …

Göpf Hasenfratz-Kessler, 45 Jahre, Unternehmensberater

HOCHZEITSREIS

Anja's Wedding Special

1 Stück Pandanusblatt von etwa 10 cm Länge
150 g Langkornreis (Basmati)
1/2 Knobauchzehe
1/2 Schalotte
1 EL Butter
1 EL Kokosnussflocken, getrocknet
275–300 ml Gemüse- oder Geflügelbouillon
1 grosse Messerspitze Kurkuma (Gelbwurz), nach Belieben
1 TL Butter
1 EL Pistazien
1 EL Pinienkerne

Gewürzpilaw mit Gemüsecurry

♥ Waschen Sie das Pandanusblatt gründlich. Wenn Sie Basmatireis verwenden, waschen Sie ihn und lassen ihn sehr gut abtropfen. Hacken Sie die entkeimte Knoblauchzehe und Schalotte sehr fein. Schmelzen Sie in einem Topf die Butter bei mittlerer Hitze. Geben Sie zuerst den Knoblauch in den Topf und lassen Sie ihn goldgelb braten. Fügen Sie die Schalotte bei und dünsten Sie diese bei mässiger Hitze etwa 5 Minuten glasig. Geben Sie nun den Reis und die Kokosnussflocken hinzu und dünsten Sie alles 2 Minuten unter ständigem Rühren weiter.

♥ Weder der Reis noch die Kokosnussflocken sollten Farbe annehmen. Geben Sie die Bouillon, das Pandanusblatt und den Kurkuma dazu und kochen Sie alles auf.

♥ Salzen Sie nach, falls es nötig ist. Reduzieren Sie die Hitze, setzen Sie einen Deckel auf den Topf und lassen Sie den Reis 18 bis 20 Minuten lang weich garen. Basmatireis braucht nur 10 bis 12 Minuten.

♥ Unterdessen lassen Sie die Butter in einem kleinen Pfännchen bei mittlerer Hitze aufschäumen. Geben Sie die Pistazien und Pinienkerne hinzu und braten Sie diese unter ständigem Wenden, bis die Pinienkerne rundum eine appetitlich goldbraune Farbe angenommen haben. Geben Sie die Kerne sofort auf einen mit einem Küchentuch belegten Teller.

♥ Wenn der Reis fertig gekocht ist, ziehen Sie den Topf vom Herd, entfernen das Pandanusblatt und lockern den Reis mit einer Gabel. Decken Sie ihn wieder bis zur Verwendung zu.

♥ Beim Servieren streuen Sie die Pistazien und Pinienkerne über den angerichteten Reis. Nach Belieben können Sie diese vorher noch grob hacken.

PS Dieser festliche Reis passt zu vielen Fisch- und Fleischgerichten. Wenn Sie wegen der Farbenkomposition einen weissen Reis wünschen, lassen Sie den Kurkuma weg. Anstelle von Kurkuma können Sie auch Safran verwenden.

PPS In vielen asiatischen Küchen wird in der Regel zuallererst der gehackte Knoblauch im heissen Öl einige Sekunden gebraten, bevor die Zwiebel, Ingwer und so weiter hinzu kommt. Diese Methode, obwohl so unscheinbar, verleiht jedem Gericht einen speziellen Geschmack.

GEWÜRZPILAW
Harem's Special

150 g Langkornreis (Basmatí)
1/2 Knoblauchzehe
1/2 Schalotte
1 Stück Ingwer von ungefähr 1 cm Länge
1 Stängel Zitronengras
2 Kardamomsamen
1 EL Butter
6–8 grüne oder schwarze Pfefferkörner, wenn möglich frisch (vom Thai-Laden)
1 Messerspitze Muskatnuss, frisch gerieben
1 Gewürznelke
1 Messerspitze Garam-Masala
175–200 ml Gemüse- oder Geflügelbouillon
100 ml Kokosnussmilch, ungesüsst
1 EL Mandelstifte
1 EL Korinthen oder Sultaninen

♥ Wenn Sie Basmatireis verwenden, waschen Sie ihn und lassen ihn sehr gut abtropfen. Hacken Sie die entkeimte Knoblauchzehe und die Schalotte. Reiben Sie den geschälten Ingwer. Schneiden Sie die trockene Spitze des Zitronengrases ab und zerquetschen Sie den Stängel und die Kardamomsamen ein bisschen mit dem Stil eines Küchenmessers. Schmelzen Sie in einem Topf die Butter bei mittlerer Hitze.

♥ Geben Sie zuerst den Knoblauch hinein und lassen Sie ihn goldgelb braten. Fügen Sie die Schalotte und den Ingwer dazu und dünsten Sie diese bei mässiger Hitze etwa 5 Minuten an. Geben Sie den Reis in den Topf und dünsten unter ständigem Wenden 2 Minuten weiter. Geben Sie die Pfefferkörner, Gewürznelke, Kardamomsamen, das Zitronengras und Garam-Masala dazu und rühren um.

♥ Giessen Sie die Bouillon und die Kokosnussmilch in den Topf und kochen das Ganze auf. Falls notwendig, salzen Sie die Flüssigkeit noch nach. Reduzieren Sie die Hitze, decken den Topf zu und lassen den Reis garen. Langkornreis braucht ungefähr 18 bis 20 Minuten, Basmatireis lediglich 10 bis 12 Minuten.

♥ Unterdessen rösten Sie die Mandelstifte in einer trockenen Bratpfanne bei mittlerer Hitze goldbraun.

Wenn das Pilaw fertig gekocht ist, ziehen Sie den Topf vom Herd und lockern Sie den Reis mit einer Gabel. Die Gewürze werden im Reis gelassen, aber nicht gegessen.

♥ Die Mandelstifte und Korinthen streuen Sie über den angerichteten Reis.

ROSMARINKARTOFFELN
Just a simple love song

300–400 g fest kochende Kartoffeln
1–2 EL Olivenöl
1–2 frische Rosmarinzweige
Salz

♥ Schälen Sie die Kartoffeln und schneiden Sie sie in 1 cm grosse Würfel. Waschen Sie diese zweimal im kalten Wasser und tupfen Sie sie trocken. Erhitzen Sie das Öl bei guter Temperatur in einer Bratpfanne, in der alle Kartoffelwürfel ausreichend Platz haben. Sobald das Öl so heiss ist, dass es beim Hineinwerfen eines Wassertropfens zischt, geben Sie die Kartoffeln und die Rosmarinzweige hinein. Reduzieren Sie die Hitze auf mässig, decken Sie die Pfanne zu und braten Sie diese, bis sie knapp weich, aber noch nicht braun sind. Nehmen Sie die Pfanne vom Herd und heben Sie die Kartoffeln mit einer Schaumkelle aus der Pfanne. So weit können Sie die Bratkartoffeln vorbereiten. Lassen Sie das Öl in der Pfanne.

♥ Kurz vor dem Servieren erhitzen Sie das Öl wieder bei guter Temperatur. Machen Sie wieder die Zischprobe. Wenn es heiss genug ist, braten Sie darin die Kartoffelwürfel unter häufigem Wenden, bis sie goldbraun und knusperig sind. Heben Sie sie aus der Pfanne, salzen sie und servieren Sie die Rosmarinkartoffeln sofort.

PS Die Rosmarinkartoffeln passen gut zu gebratenem Fleisch. Anstelle von Rosmarin können die Kartoffeln mit Thymian parfümiert werden.

GEMÜSECURRY IN KOKOSNUSSMILCH

Spice dream

1/2 Knoblauchzehe
1/2 Zwiebel
1 kleines Stück Chili
1 kleines Stück Ingwer von rund 1 cm Länge
1 EL Erdnussöl
1/4 TL Bockshornklee
1/4 TL schwarze Senfkörner
1/4 TL Muskatblüte
1/2 TL Kurkuma (Gelbwurz)
1/2 TL Koriander, gemahlen
1/2 TL Kreuzkümmel, gemahlen
1/4 Stengel Zimt
1 Gewürznelke
3–4 Kardamomsamen
4 Kubebenpfeffer oder schwarze Pfefferkörner
200 ml Kokosnussmilch
100 ml Gemüsebouillon
Salz, Pfeffer aus der Mühle
einige Tropfen Zitronensaft, nach Belieben
1 Bund frischer Koriander oder Petersilie

400 g aphrodisisches Gemüse, zum Beispiel Karotten, Broccoli, Blumenkohl, Peperoni (Paprika), Stangensellerie, Lauch, Artischocken, Zucchini, Kartoffeln und so weiter, nur eine Sorte oder gemischt

♥ Hacken Sie den entkeimten Knoblauch und die Zwiebel in kleine Würfel. Entkernen Sie den Chili und hacken Sie ihn. Reiben Sie den Ingwer fein. Halten Sie alle Zutaten griffbereit neben dem Herd. Erhitzen Sie in einem grossen Topf das Öl bei guter Temperatur. Zuerst geben Sie die Senfsamen und den Bockshornklee in das heisse Öl. 15 Sekunden später geben Sie den gehackten Knoblauch hinzu und rühren einmal um. 15 Sekunden später fügen Sie die Zwiebel mit dem Chili und dem Ingwer bei. Reduzieren Sie die Hitze und dünsten Sie alles etwa 3 Minuten an. Geben Sie nun alle Gewürze in den Topf und rühren Sie einige Minuten weiter, bis sie zu duften beginnen. Giessen Sie die Kokosnussmilch und die Bouillon dazu und kochen Sie alles auf. Salzen und pfeffern Sie nach Ihrem Gutdünken. Decken Sie den Topf zu und lassen die Sauce 20 bis 30 Minuten auf minimaler Hitze ziehen. So weit können Sie unbeschwert vorbereiten.

♥ Rüsten und waschen Sie das Gemüse und schneiden Sie es in mundgerechte, gleichmässige Stücke. Wenn Sie verschiedene Gemüse brauchen, blanchieren Sie jedes Gemüse separat in Salzwasser knapp gar, heben Sie es mit einer Schaumkelle aus dem Wasser und schrecken Sie es sofort in Eiswasser ab. Fangen Sie mit der hellsten Sorte Gemüse an. Bevor Sie das grüne Gemüse blanchieren, geben Sie noch extra Salz ins Wasser (25 g oder ein gehäufter Esslöffel pro Liter Wasser), so dass das Gemüse prall grün wird. Tropfen Sie das Gemüse gründlich ab, damit es nicht wässrig wird. Kurz vor dem Servieren kochen Sie die Currysauce auf, geben das Gemüse hinzu und wärmen das Ganze richtig durch. Schmecken Sie das Curry ab. Hacken Sie den Koriander oder die Petersilie und streuen Sie sie über das angerichtete Gemüsecurry.

PS Servieren Sie das Gemüsecurry zu einem asiatisch angehauchten Fisch- oder Fleischgericht. Farblich lässt sich mit der Wahl der Gemüse unendlich spielen.

PPS Falls noch Currysauce übrig bleibt, frieren Sie sie tief und verwenden sie für Ihr nächstes Gemüsecurry.

Knoblauchconfit

Heartbreaker

6–8 grosse Knoblauchzehen, ungeschält
Olivenöl
1 Lorbeerblatt
1 Zweiglein Thymian

♥ Giessen Sie in einen kleinen Topf genug Olivenöl, um damit die Knoblauchzehen zu bedecken. Erhitzen Sie das Öl auf 90 Grad. Kontrollieren Sie das mit einem Thermometer. Geben Sie vorsichtig das Lorbeerblatt sowie den Thymianzweig und die Knoblauchzehen in das Öl. Erhitzen Sie das Öl auf 80 Grad und garen Sie den Knoblauch bei dieser Temperatur darin 20 Minuten. Nach dieser Zeit kontrollieren Sie, ob der Knoblauch schon weich ist. Wenn nicht, garen Sie ihn noch etwa 10 Minuten weiter. Nehmen Sie den Topf vom Herd und lassen Sie den Knoblauch im Öl abkühlen.

♥ Giessen Sie den Knoblauch mitsamt dem Öl in kleines Gefäss mit Deckel und bewahren Sie dieses im Kühlschrank auf. Bei Bedarf nehmen Sie die von Ihnen gewünschten Knoblauchzehen aus dem Öl und braten diese in einer trockenen Bratpfanne knusperig. Servieren Sie die Knoblauchzehen in der Schale.

PS Das ist eine aparte Beilage zu vielen Fisch- und Fleischgerichten, vor allem natürlich Lamm. Das übrige Olivenöl verwenden Sie zum Braten von kräftigen Gerichten. Das Confit lässt sich 2 bis 3 Wochen im Kühlschrank aufbewahren.

PPS Kleine Schalotten oder Saucenzwiebeln lassen sich auf dieselbe Art zubereiten.

Feine Nudeln mit Trüffelrahmsauce

Gigolo

250 g feine Nudeln, wenn möglich frische
1/2 Schalotte
20 g Butter
1/2 Knoblauch
50 ml Weisswein
50 ml Muira-Puama-Tee (siehe Seite 130)
150 ml Rahm
2 EL frisch geriebener Parmesan
Salz, Pfeffer aus der Mühle
1–2 Tropfen Zitronensaft, nach Belieben
1–2 TL Trüffelöl

♥ Kochen Sie die Nudeln in viel Salzwasser al dente. Mischen Sie die Hälfte der Butter unter die Teigwaren.

♥ Für die Sauce hacken Sie die Schalotte fein. Schäumen Sie die restliche Butter auf und dünsten Sie die Schalotte darin 5 Minuten glasig. Pressen Sie den entkeimten Knoblauch hinzu. Löschen Sie mit dem Weisswein und dem Muira-Puama-Tee ab und kochen Sie die Flüssigkeit ein, bis sie fast verdampft ist. Den Rahm dazugiessen und zum Kochen bringen. Schmelzen Sie den Parmesan in der Sauce. Würzen Sie die Sauce mit Salz und Pfeffer aus der Mühle und dem Zitronensaft.

♥ Kurz vor dem Servieren rühren Sie das Trüffelöl unter die Sauce, mischen diese mit den heissen Teigwaren und richten alles in 2 vorgewärmten Tellern an.

PS Falls Sie zufälligerweise frischen Trüffel zur Hand haben, lassen Sie Ihrer Extravaganz freien Lauf und hobeln Sie diesen noch über das fertige Gericht.

PPS Trüffelöl gibt es im gut sortierten Lebensmittelhandel.

Auberginen mit Käsefüllung in pikanter Tomatensauce

Imam voll turbo

300 g Auberginen
Salz
1–2 EL Olivenöl

Sauce:
1 Zwiebel
2 Knoblauchzehen
2 EL Olivenöl
1 EL Tomatenpüree
1 EL gehackter Oregano
100 ml Kalmuswurzeltee (siehe Seite 131)
600 g Tomaten
1 Messerspitze Honig
1 Messerspitze Nelkenpulver
Salz, Pfeffer aus der Mühle
1 EL grüne Pfefferkörner

100 g Mozzarella
1/2 Bund Basilikum
1/2 Bund Petersilie
75 g Ziegenkäse
75 g Ricotta
20 g Parmesan, gerieben
1 EL Butter

♥ Waschen Sie die Auberginen und schneiden Sie sie der Länge nach in 1 cm dicke Scheiben. Bestreuen Sie die Scheiben grosszügig mit Salz und lassen Sie das Salz 20 bis 30 Minuten die Bitterstoffe aus den Auberginen ziehen.

♥ Hacken Sie Zwiebel und Knoblauch fein. Erhitzen Sie das Olivenöl und dünsten Sie die Zwiebel darin bei mittlerer Hitze etwa 5 Minuten weich und goldgelb. Fügen Sie den Knoblauch hinzu und garen Sie ihn 1 Minute mit, bis er sein Aroma entfaltet. Dann geben Sie das Tomatenpüree bei und dünsten es so lange mit, bis es etwas dunkler geworden ist. Den Oregano hineinstreuen, umrühren und alles mit dem Kalmustee ablöschen. Bringen Sie die Flüssigkeit zum Kochen und reduzieren Sie diese um zwei Drittel.

♥ Schälen, entkernen und hacken Sie die Tomaten. Mischen Sie sie zusammen mit dem Honig und dem Nelkenpulver unter und würzen Sie die Sauce. Lassen Sie sie zugedeckt bei schwacher Hitze etwa 15 Minuten köcheln, bis die Tomaten sehr weich sind. Nun heben Sie den Deckel ab und lassen die Sauce bei höherer Hitze eindicken. Spülen Sie die Pfefferkörner unter fliessendem Wasser ab, geben Sie sie dazu und schmecken Sie die Sauce gut ab.

♥ Geben Sie den Mozzarella für 15 Minuten in das Tiefkühlfach. Dann reiben Sie ihn an der Röstiraffel. Mischen Sie den Mozzarella mit dem Ricotta und dem Ziegenkäse. Legen Sie zwei Spitzen von den Basilikumzweiglein für die Garnitur beiseite. Hacken Sie den restlichen Basilikum und die Petersilie und mischen Sie die Kräuter unter die Käsemasse. Schmecken Sie die Käsefüllung herzhaft ab.

♥ Heizen Sie den Ofen auf 200 Grad vor.

♥ Spülen Sie die Auberginenscheiben ab und tupfen Sie sie trocken. Erhitzen Sie in einer Bratpfanne 1 Esslöffel Olivenöl bei mittlerer Hitze und braten Sie darin die Auberginenscheiben portionenweise goldbraun. Wenn nötig, noch etwas Öl zugeben. Streichen Sie zwei kleine oder eine grössere Auflaufform mit Butter aus. Legen Sie eine Auberginenscheibe in die Form, belegen Sie diese mit einer Schicht Käsemasse, darauf kommt wiederum eine Auberginenscheibe und so fort, bis alles aufgebraucht ist. Giessen Sie die Tomatensauce über und um die Auberginen und bestreuen Sie sie mit dem Parmesan. Die Auberginen 20 bis 25 Minuten im vorgeheizten Ofen backen. Nehmen Sie die Form aus dem Ofen, garnieren Sie sie mit den Basilikumspitzen und servieren Sie das Gericht in der Form.

PS Dieser Auberginengratin ist eine Abwandlung von Parmigiana di melanzane, dem bekannten italienischen Auberginenauflauf. Er fängt den Geschmack des Sommers ein. Tischen Sie dieses Gericht als Vorspeise, Hauptgericht oder Beilage auf. Passen Sie die Menge einfach der Gegebenheit an.

Vinaigrette

1 EL Sherryessig
1 EL Bouillon
1 EL Erdnussöl
1 EL Baumnuss- oder Haselnussöl
Salz, weisser Pfeffer aus der Mühle, Cayennepfeffer

♥ Rühren Sie alle Zutaten zu einer Emulsion.

♥ Wenn Sie oft und gerne Salat essen, lohnt es sich, eine grössere Menge Vinaigrette auf Vorrat herzustellen. Multiplizieren Sie einfach die Zutaten auf die gewünschte Menge. Giessen Sie die Vinaigrette in einen geeigneten Behälter und bewahren Sie sie im Kühlschrank auf. Vor dem Servieren die Flasche kräftig schütteln.

Legierte Fischsauce

2 Schalotten
10 g Butter
200 ml Noilly Prat (trockener Wermut)
200 ml Weisswein
200 ml Eisenkrauttee
$^1/_2$ l Fischfond
$^1/_2$ l Rahm oder Doppelrahm
Salz, weisser Pfeffer, Cayennepfeffer

♥ Hacken Sie die Schalotten fein. Erwärmen Sie die Butter in einer Sauteuse und dünsten Sie die Schalotten darin glasig und weich. Löschen Sie sie mit dem Noilly Prat ab, kochen Sie ihn auf und reduzieren Sie die Flüssigkeit, bis sie sirupartig ist. Giessen Sie den Weisswein, den Eisenkrauttee und den Fischfond dazu und kochen Sie alles auf die Hälfte ein. Dann fügen Sie den Rahm bei und lassen die Sauce köcheln, bis sie sehr sämig ist. Giessen Sie die Sauce durch ein feines Sieb in eine saubere Saucenpfanne und drücken Sie dabei die Schalotten gut aus, so dass der Saft bis zum letzten Tropfen in die Sauce geht. Würzen Sie die Sauce mit Salz, weissem Pfeffer und einem Hauch Cayennepfeffer.

PS Diese Sauce kann bis und mit der Reduktion vorbereitet und tiefgekühlt werden.

Tomatensauce

8 reife, aromatische Tomaten
$^1/_2$ Schalotte
1 Knoblauchzehe
3 EL Olivenöl extra vergine
je 1 Thymian- und Rosmarinzweig
1 kleines Lorbeerblatt
je 1 Tropfen Basilikum-, Thymian- und Rosmarinessenz

♥ Schälen, vierteln, entkernen und würfeln Sie die Tomaten. Hacken Sie die Schalotte. Entkeimen Sie die Knoblauchzehe und hacken Sie sie ebenfalls in kleinste Würfel.

♥ Erwärmen Sie das Olivenöl in einer Pfanne und dünsten Sie die Schalotte, den Knoblauch und die frischen Kräuter etwa 5 Minuten glasig. Sie dürfen keine Farbe annehmen. Geben Sie die Tomatenwürfel dazu und lassen Sie sie köcheln, bis alle Flüssigkeit verdampft ist. Entfernen Sie die Kräuterzweige und das Lorbeerblatt und pürieren Sie die Tomaten. Zuletzt fügen Sie die Essenzen hinzu. Diese Tomatensauce hat eine Konsistenz wie ein selber hergestelltes Tomatenpüree.

PS Dies ist eine einfache, aber hoch aromatische Tomatensauce. Ich überlasse es Ihrer Fantasie, damit Fisch-, Teigwaren- und anderen Gerichten eine besondere Note zu verleihen.

SINNLICH? NACKT ZWISCHEN FRISCH GEWASCHENEN BETTLAKEN ZU LIEGEN.
Yon S., 58 Jahre, Architekt

Thai-Gewürzpaste

2 TL Koriandersamen
2 TL Kreuzkümmelsamen
1 kleine Zwiebel (30 g)
2–4 frische rote Chilischoten
3 Knoblauchzehen
3 EL frische Korianderblätter
abgeriebene Schale von 1 Zitrone und 1 TL Saft
1 TL Paprika
1 TL Kurkuma (Gelbwurz)
2–3 EL Erdnussöl
Salz

♥ Rösten Sie den Koriander und den Kreuzkümmel in einer trockenen Pfanne. Sobald die Samen fein duften, nehmen Sie sie aus der Pfanne und mahlen sie fein oder pulverisieren sie im Mörser. (Man kann Koriander und Kreuzkümmel bereits gemahlen kaufen, das Aroma kommt jedoch nie an das selbst hergestellte Pulver heran.)

♥ Hacken Sie Zwiebel, Chili und Korianderblätter fein und pressen Sie den Knoblauch durch.

♥ Pürieren Sie alle Zutaten im Mixer zu einer feinen Paste.

PS Das Gewürzpüree hält im Kühlschrank mindestens eine Woche. Es lässt sich auch problemlos tiefgefrieren. Sie können das Püree zum Parfümieren von verschiedensten Suppen, Saucen und Gerichten verwenden.

Knoblauchbutter

250 g Butter
2 EL Zitronensaft
4–6 Knoblauchzehen (je nach Stärke und Geschmack)
Salz, weisser Pfeffer, Tabasco, Paprika

♥ Schlagen Sie die zimmerwarme Butter mit dem Zitronensaft schaumig, bis sie fast weiss und luftig ist.

♥ Entfernen Sie den Keimling aus den Knoblauchzehen und pressen Sie den Knoblauch zur Butter. Schmecken sie mit Salz, Pfeffer, Tabasco und Paprika ab.

PS Je nach Verwendung können Sie fein gehackte Petersilie zur Knoblauchbutter geben. Bereiten Sie eine grössere Menge von dieser Butter zu, denn sie hält sich gut im Kühlschrank und lässt sich auch (portionenweise) tiefgefrieren.

Gewürzsalz

300 g Salz
15 g Paprika
5 g frisch gemahlener Pfeffer

♥ Mischen Sie alle Zutaten gründlich miteinander und bewahren Sie das Gewürzsalz in einem gut verschliessbaren Behälter auf.

PS Dieses Gewürzsalz eignet sich besonders zum Würzen von Fleischgerichten. Wer den Pfeffergeschmack besonders mag, kann einfach noch frisch gemahlenen Pfeffer über das fertige Gericht mahlen.

Gewürzmischung nach Moses Maimonides

56 g Zimt
56 g Anis
28 g langer Pfeffer
28 g Galgantwurzel
7 g Macis
7 g Muskat

♥ Pulverisieren Sie alle Gewürze und mischen Sie sie gut miteinander. Bewahren Sie die Gewürzmischung in einem luft- und lichtdichten Behälter auf.

PS Der jüdisch-arabische Arzt Moses Maimonides, der im 12. Jahrhundert lebte, empfiehlt, ein bisschen von dieser Gewürzmischung über jede Speise zu streuen, um Potenzstörungen vorzubeugen.

Ablöschen: angebratenem Fleisch, Gemüse usw. Flüssigkeit zugiessen

Abschrecken: ein vorgegartes oder gegartes Lebensmittel in kaltes oder eisgekühltes Wasser legen, um den Kochvorgang zu stoppen

Al dente: Teigwaren, Reis und Gemüse so gekocht, dass sie weich sind, aber noch Biss haben

Anaphrodisiaka: Mittel zur Dämpfung des Geschlechtstriebs und der Potenz

Anaphrodisisch: die Liebeslust dämpfend

Anziehen lassen: unter Wenden leicht anbraten, ohne Farbe annehmen zu lassen (z.B. Zwiebeln)

Aphrodisiaka, Aphrodisiakum: Mittel zur Anregung und Steigerung des Geschlechtriebs und der Potenz

Aphrodisierend: den Geschlechtstrieb anregend und steigernd

Aphrodisisch: zum Liebesgenuss gehörend, reizend

Ayurveda: alte indische Wissenschaft vom Leben, Heilkunde und Medizin umfassend, «Mutter der Medizin»

Blanchieren: kurzes Vorgaren von Gemüse in kochendem Wasser, um es etwas weich zu machen und um seine Farbe zu erhalten. Normalerweise wird das Gemüse nach dem Blanchieren in kaltem Wasser abgeschreckt, um den Kochvorgang zu stoppen.

Bouillon: klare Fleischbrühe, Geflügel- oder Gemüsebrühe. Sie sind im Handel gekörnt oder als Paste erhältlich.

Cooling: im asiatischen Sprachgebrauch kühlend, die Liebeslust dämpfend, anaphrodisisch

Coulis: ein leicht flüssiges Püree von Früchten, Gemüse oder Krustentieren

Croûtons: geröstete Brotwürfel

Dämpfen: ein Lebensmittel in einem meist geschlossenen Topf mit einem Loch- oder Siebeinsatz über kochender Flüssigkeit im aufsteigenden Dampf garen

Dünsten: ein Lebensmittel in einem Topf in wenig Flüssigkeit, Fett oder im eigenen Saft garen

Elixier: Zaubertrank, Wundermittel, Heiltrank; alkoholischer Auszug aus Heilpflanzen mit verschiedenen Zusätzen

Emulsion: Mischung von zwei Flüssigkeiten, die sich normalerweise nicht miteinander vermischen, etwa Öl mit Wasser. Dabei werden Tröpfchen der einen Flüssigkeit in der anderen verteilt, z.B. in einer Vinaigrette.

Essenz: konzentrierter Auszug aus Stoffen, der im Wesentlichen nur die wirksamen Bestandteile enthält (Nahrungsmittel, Duftstoff, Heilpflanze)

Fond: aromatische Brühe (wie Gemüsefond, Fischfond usw.) als Saucenbasis. In den Lebensmittelabteilungen guter Warenhäuser und in Spezialitätengeschäften sind Fonds guter Qualität im Glas erhältlich, die Ihnen viel Arbeit abnehmen. Passionierte Hobby- und Profiköche besitzen bestimmt schon ihr eigenes Rezept zur Herstellung von Fonds.

Heaty: im asiatischen Sprachgebrauch heiss, erhitzend, aphrodisierend, die Lust auf Sex fördernd

Jus: Bratensaft, Fleischsaft, Fruchtsaft

Marinieren: ein Nahrungsmittel in einer gekochten oder ungekochten Flüssigkeit (Marinade) einlegen, um ihm Geschmack zu verleihen oder es zarter zu machen

Mundtüchlein: feines Tüchlein, das man in der Babyabteilung von Warenhäusern bekommt. Ideales Tuch, um Saucen zu sieben. Bratrückstände und Fett bleiben im Tuch hängen.

Parfümieren: einem Gericht durch Zugabe eines Geschmacksträgers wie Likör, Kräuter, Essenzen usw. einen bestimmten Geschmack verleihen

Pochieren: eine zarte Speise (z.B. Fisch, Eier) unter dem Siedepunkt (bei höchstens 80 Grad) garen

Reduzieren: eine Flüssigkeit bei starker Hitze einkochen lassen, um den Wassergehalt zu verringern und den Geschmack zu intensivieren

Sämig: dickflüssig

Sauteuse: Bratpfanne mit hohem, nach oben und aussen gewölbtem Rand, speziell zum Sautieren

Sautieren: in der Bratpfanne schnell und gleichmässig anbraten. Anschliessend kann das Lebensmittel mit wenig Flüssigkeit und zugedeckt noch fertig gegart werden.

Schmoren: langsames Garen auf dem Herd oder im Ofen in einem geschlossenen Topf mit wenig Flüssigkeit, meistens Wein oder Fond

Sojasauce: In Chinaläden sind 2 verschiedene Sojasaucen erhältlich: Superior Soy, eine helle Sojasauce, die salziger ist als die dunkle. Sie ist die Universalsauce in der chinesischen Küche. Soy Superior Sauce ist eine dunkle Sojasauce, die länger gereift wird und daher eine dunkle, fast schwarze Farbe hat. Sie ist dicker in der Konsistenz und hat einen ausgeprägteren Geschmack. Sie eignet sich besonders als Dip und für Schmorgerichte.
Achten Sie darauf, dass Sie die beiden Sorten nicht verwechseln (die Namen und die Etiketten sind verwirrend ähnlich). Um Verwechslungen in der Küche zu vermeiden, etikettieren Sie die beiden Flaschen am besten gleich nach dem Kauf mit «Hell» und «Dunkel».

Nur so nebenbei: Im Chinaladen sind die Waren oft um ein Vielfaches günstiger als in der Lebensmittelabteilung von Warenhäusern. Ein Vergleich lohnt sich, und schon haben Sie das Geld für ein Glas Champagner mit Ihrem Schatz gespart!

Tinktur: alkoholischer Auszug aus einem pflanzlichen oder tierischen Stoff, alkoholische Arzneilösung

Tonikum: stärkendes, kräftigendes Mittel

Wasserbad (franz. «bain-marie»): Auf einen Topf, der zur Hälfte mit knapp kochendem Wasser gefüllt ist, wird ein passendes zweites Gefäss gesetzt, um in diesem delikate Speisen (Saucen, wie z.B. Sauce Hollandaise, Sabayon usw.) schonend zu pochieren (garen).

Zeste: ganz dünn abgeschälte äusserste Schale von Zitrusfrüchten (Zitrone, Orange) ohne die bittere weisse Schicht. Im Handel gibt es Zestenmesser, auch Fadenschneider genannt.

Ich danke von Herzen:

Michael, der mich zu allen Zeiten unterstützte und förderte. Er hatte die Aufgabe, meine Kreationen zu degustieren, Kritik zu üben und deren Effekt über sich ergehen zu lassen.

Meinen Kinder Lucy und Ben, die sich oft mit einem kärglichen, anaphrodisischen Imbiss begnügen mussten, während ich mit diesem Buch beschäftigt war.

Meiner Mutter, die mich gelehrt hat, die Menschen so zu lieben, wie sie sind. Ihr Herz ist so gross wie ein Sofa. Platz hat es für jeden, für uns, unsere Freunde, ihre Freunde, den Professor, die Nachbarin, den Obdachlosen. Ihr Haus ist immer offen. Sie ist die allerbeste Gastgeberin.

Claudia Zürcher, die meine Rezepte kontrollierte und viele gute Ideen einbrachte.

Judith Bocklet, die viele Rezepte nachkochte und ihren wertvollen Kommentar dazu lieferte.

Der Fotografin Ulla Mayer-Raichle, mit der ich viele dynamische und kreative Arbeitsstunden verbrachte. Sie hat meine Rezepte mit der richtigen Portion Sinnlichkeit fotografiert.

Meinem Gemüselieferanten Walter Keller und seinem Team von Jeune Primeur in Zürich, die mich einerseits stets fachkundig beraten und andererseits mit ihrem ansteckenden Enthusiasmus wahre Lebensfreude verbreiten.

Dr. Andreas Lenherr von der Berg-Apotheke in Zürich, der sich immer Zeit nimmt, um meine Fragen zu beantworten. Er hat die Liste der Aphrodisiaka auf ihre Richtigkeit überprüft.

Urs Hunziker und dem AT Verlag für die «Carte blanche» zu diesem Buch.

Für die aktuellsten Informationen zu Anbietern und Angebot empfiehlt es sich, die jeweiligen Internet-Adressen zu konsultieren.

Berg-Apotheke
Stauffacherstrasse 26
CH-8004 Zürich
Telefon +41 (0)44 241 10 50
Fax +41 (0)44 291 33 19
www.berg-apotheke.ch
info@berg-apotheke.ch
Kräuter, Gewürze, Naturheilmittel. Grosse Auswahl.
Internationaler Versand.

Bellevue Apotheke
Theaterstrasse 14
CH-8001 Zürich
Telefon +41 (0)44 266 62 22
Fax +41 (0)44 261 02 10
www.bellevue-apotheke.ch
info@bellevue-apotheke.ch
Naturheilmittel. Internationaler Versand.

Dr. Noyer Apotheke
Marktgasse 65
CH-3011 Bern
Telefon +41 (0)31 326 28 28
Fax +41 (0)31 326 28 29
www.apotheke-dr-noyer.ch
apotheke@drnoyer.ch
Naturheilmittel. Internationaler Versand.

cannapee
Vertriebszentrum Trin Mulin
CH-7016 Trin Mulin
Telefon +41 (0)81 630 45 17
Fax +41 (0)81 630 45 16
www.cannapee.ch
info@cannapee.ch
Online-Shop für Kräuter, Samen und Pflanzen.
Internationaler Versand.

www.elixier.com
info@elixier.com
Online-Shop für Pflanzen, Samen, Tinkturen, Extrakte.
Internationaler Versand.

www.magicgardenseeds.de
kontakt@magicgardenseeds.de
Online-Shop für Samen und Ethnobotanik.
Internationaler Versand.

REZEPTVERZEICHNIS

Getränke

Beilagen

Grundrezepte